李改霞 著

玩转社群

方法、技巧一本通

清华大学出版社

北京

内容简介

为了帮助学习者快速玩转社群知识，掌握社群攻略，本书围绕社群这一核心内容，全面阐述了关于社群的 9 大方向，主要包括互联网变革中的社群经济，讲述当下的社群红利期以及红利变现模式，特附带经典案例；社群长生的必备五要素；社群的垂直定位；社群组织架构；社群矩阵平台布局；社群吸粉；社群成员互动；社群用户留存；社群时代趋势。本书实用性和实操性非常强，既是社群领导者开展社群活动的宝典，又是社群运营人员的工作准则和企业高级管理者的实用手册。

图书在版编目（CIP）数据

玩转社群：方法、技巧一本通/李改霞著．—北京：清华大学出版社，2017
ISBN 978-7-302-46966-7

Ⅰ．①　玩…　Ⅱ．①　李…　Ⅲ．①网络营销　Ⅳ．①　F713.365.2

中国版本图书馆 CIP 数据核字（2017）第 080102 号

责任编辑：杨静华
封面设计：刘　超
版式设计：刘艳庆
责任校对：何士如
责任印制：李红英

出版发行：清华大学出版社
　　　　网　　址：http://www.tup.com.cn，http://www.wqbook.com
　　　　地　　址：北京清华大学学研大厦 A 座　　　邮　　编：100084
　　　　社 总 机：010-62770175　　　　　　　　邮　　购：010-62786544
　　　　投稿与读者服务：010-62776969，c-service@tup.tsinghua.edu.cn
　　　　质量反馈：010-62772015，zhiliang@tup.tsinghua.edu.cn
印 装 者：三河市金元印装有限公司
经　　销：全国新华书店
开　　本：170mm×240mm　　　印　　张：15　　字　　数：243 千字
版　　次：2017 年 9 月第 1 版　　　印　　次：2017 年 9 月第 1 次印刷
印　　数：1～3000
定　　价：42.00 元

产品编号：073337-01

Preface 前言

雷军的小米之所以能快速成长为一个估值 450 亿美元的公司，绝对离不开社群营销；罗振宇的罗辑思维四个月入账会员费近千万，就是得益于其构建的一个顶级的互联网知识社群；大鹏的《煎饼侠》最终票房过 11 亿，也离不开社群经济……如今，社群不仅吸引着大批创业者，大企业也开始热衷于它，那么"社群"到底是什么呢？

"社群"这个专有名词最早是由德国社会学家 Tonnie 提出的，现在大家口中所讲的"社群"，其含义是一个相对独立的社会实体，他们有特定的生活方式，而且还会发生各种社会关系，进行各种社会活动，并具有成员归属感。

目前，很多人都通过微信、QQ、微博、Facebook、Twitter 等社交媒体平台打造专属于自己的社群。当然，这些社群的作用不只是吐槽、聊天、打发时间那么简单，它能让成千上万的人彼此相连，从而彻底颠覆传统的商业与消费模式。

创建一个社群并不困难，如何玩转社群却不是一件容易的事情。本书以详细的方法论和全面的理论战略为你提供玩转社群的全方位攻略。"理论+方法"的哲学路线才能够为社群运营者的社群活动提供真正实用的战略指导。如何在一本书中既精简有效地论述社群相关概念，又能够让读者快速实操上手，是本书重点要解决的问题。

本书是作者多年的知识累积和实务工作经验的结晶。在编写体例上本书采用了大量的图表与案例分析，图文并茂；在行文上深入浅出，将枯燥生硬的理论知识用诙谐幽默、浅显直白的语言娓娓道来。

本书抛开深奥的理论化条文，除了必备的基础理论知识介绍外，绝不贪多求全，特别强调实务操作、快速上手，绝不囿于示意与演示，更注重实战性操作——从当下社群经济的宏观趋势、社群红利变现，到社群存活的必备要素以及社群定位和组织架构，再到社群具体运营、吸粉互动攻略以及用户留存，最后到社群的未来趋势——你学到的是完全真实、渐进式的社群运营全攻略。与此同时，阅读本书的过程中，你的社群学习之旅将成为一种难忘的幸福体验。因受作者水平和成书时间所限，本书难免存有疏漏和不当之处，敬请指正。

李改霞

2017 年 6 月 1 日

Contents 目录

第1章　互联网革命：社群经济重塑新秩序 / 1

第一节　社群红利的根源及变化 / 2

第二节　社群红利变现模式 / 9

第三节　经典社群案例分析 / 16

第2章　社群长生：能持续存活的社群必备五项 / 25

第一节　伪社群：你以为这是社群，只是表象而已 / 26

第二节　有价值观：是什么让我们聚到一起 / 28

第三节　有活动：给予归属感 / 34

第四节　有媒体：持续传播 / 38

第五节　有培训：单一方面成长 / 41

第六节　有交易：让社群价值最大化 / 45

第3章　垂直定位：类型模块化，成员画像化 / 51

第一节　对标分析：剖析五大主流垂直社群 / 52

第二节　做熟不做生，找准自身社群定位 / 61

第4章　组织架构：流水线操作，公司化运作 / 73

第一节　战略层 / 74

第二节　执行层 / 83

第三节　规避项 / 91

第5章　社群矩阵：大群养小群，小群促大群 / 99

第一节　两大布局模式 / 100

第二节　社群布局最终目的 / 104

第三节　社群平台布局方法 / 114

第 6 章　**吸粉阶段：从外部引入流量，自动与被动涨粉方法 / 121**

第一节　吸粉四大模式 / 122

第二节　吸粉平台性渠道 / 137

第 7 章　**互动阶段：沉浸式参与，与成员深度连接 / 157**

第一节　线上社群互动方法 / 158

第二节　线下社群互动方法 / 171

第三节　具体操作方法 / 183

第 8 章　**留存阶段：持续输出价值，沉淀出真正的群员 / 199**

第一节　留存率计算方法 / 200

第二节　决定留存率的三大因素 / 202

第三节　社群变现方法 / 209

第 9 章　**社群时代趋势：有关社群的未来畅想 / 219**

第一节　社群趋势特征 / 220

第二节　万法归一，社群会是什么 / 230

互联网革命：社群经济重塑新秩序

↘ 第一节　社群红利的根源及变化

↘ 第二节　社群红利变现模式

↘ 第三节　经典社群案例分析

社群经济的崛起成为推动互联网革命的关键力量，同时，社群经济也为重塑新秩序提供了很大可能。以社群为主导的商业形态，将整合离散型和资源型商业模式，实现以用户为中心的新经济形态。所以，把握好这一波社群红利至关重要。而社群红利的变现也是大家关注的焦点，配合经典社群案例，本章将为大家详细解读社群红利的变现模式。

第一节　社群红利的根源及变化

社群能够兴起并且成为影响现代经济模式的重要力量，是有其深刻根源的。比如，小众化趋势、新旧商业形态的变换以及大数据等，这些因素的存在和发展成为社群红利期以及产生变化的主要推动力。2016 年是社群经济当道的一年，形势一片大好。2017 年来了，要努力看准形势，抓住稍纵即逝的红利期实现变现目标。

社群红利崛起，小众化趋势决定社群的生命力

过去，人们可能因为某件衣服流行而争相购买，现在，"撞衫"反倒成为非常尴尬的事情，因为消费需求正从"大众化"向"小众化"趋势演变。社群也是如此，小众化趋势决定了社群的生命力。

牛津学者詹姆斯·哈金（James Harkin）在《小众行为学》一书中阐述了"社群商机来临"的未来模式，从中可以看出，社群经济时代，单一的规模化将不再是最具优势的商业形态，而小众化经济必定会逐渐成为时代主流。

社群经济形态下，聚集了一批小众群体，群体内部的个体有共同的兴趣偏好，相同的价值观念，这些有利基础使得社群成员非常容易建立情感基础。先谈情后谈钱，才能顺利实现变现目标。同时，这样的社群也会以"情感+金钱"的双向链接组成系统的运行架构，系统内部也可以为绝大多数个体提供价值输出。

在以上原理的基础上，小众化趋势也是必需的要素，社群经济本身就是在特定范围内发生的化学反应。有了这些恒定元素，社群就能够实现定量盘活，

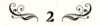

实现自生长、自复制目标，比如，在社群某个小组内，在与主题一致的前提下，形成自发裂变式增长。即使出现偏离轨道的裂变，社群也能够通过加速裂变或产品迭代实现更正。

社群经济范畴内，小众化趋势在某些领域内有突出表现，比如，众筹行业。众筹，顾名思义，就是大家集资完成项目。

更形象具体地来说，众筹就是私人定制，运用社会化渠道筹集资源。先有需求，讲概念，再根据市场和场景进行"计划经济"下的定制。此外，小众化众筹能够成功的原因有以下三点，如图 1-1 所示。

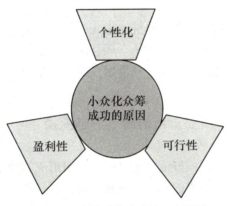

图 1-1　小众化众筹成功的三点原因

1．个性化

小众化众筹以个性化的方式，使得商业操作模式更加具有定制内涵，既能够保持众筹项目的特色，也能够获得所需资源。在这个怕"撞衫"的时代，个性化才能征服越来越挑剔的用户，众筹的投资人亦如此。

2．可行性

一个方案，创意独特，需求准确，但是可行性很低，这样的方案再好也不会被投资人认可。另外，可行性是衡量众筹以及其他项目的重要标准之一，社群内的活动也遵循该原则。

而小众化众筹的可行性由受众需求和未来趋势作为保障，众筹项目能够满足目标用户的需求，符合时代趋势和场景营销要求，这样的小众化众筹当然能够取得成功。

3. 营利性

社群也好，小众化众筹也罢，如此才能获得持久发展。其最终目标都是要实现盈利变现，一个靠爱心和奉献支撑的社群，在所获得的融资资金用完前还没有找到新的融资渠道，其未来还能走多远？

小众化趋势下的社群要想具有强有力的生命活力，就要从"私人定制"出发，不求大而全只求小而精。为一小部分人做好服务，就能获得很好的收益，甚至成为行业领导者。

如果你的社群定位不清晰，单纯追求规模化，在诞生之初没有考虑到盈利基因，这样的社群很难躲过行业厮杀，顺利成为行业第一。所以，社群领导者要遵循社群的小众化趋势，才能让社群爆发恒久生命力。

社群主导未来商业，新旧商业形态变换

社群是基于某种共同偏好或特定目标聚集而形成的圈子，进而壮大完善成为一种新的商业形态，未来的商业形态必然是社群经济。在这个商业形态内，产品的购买者不再是传统意义上的消费者，而是产品的粉丝甚至产品的参与者。

由一个产品或端口开始，聚集一批种子用户，进行拓扑延伸，放大盘活，从小范围内的影响力形成一种商业形态，就是社群经济。所以，在社群经济的商业形态下，谁掌握了社群红利，谁就是资源掌握者，盈利变现就会成为水到渠成之事。

工业时代，商品只是附带使用价值的用于交换的实物，消费者通过交易获取商品的使用价值，在这个过程中，消费者是终端，没有参与到商品生产的任何环节。所以，工业时代的商品靠的是规模化、标准化，在流水线上操作的工人是商品成型的重要一环，所以，工人罢工或抗议对企业主来说非常不利。

而互联网时代，社交网络日益发达，甚至可以说，只要有网络的地方就能够和整个世界连接。商品与消费者的界限也越来越模糊。像小米手机，深度核心用户可以参与研发，销售过程也是一场重量级的营销战争。

虽然互联网、移动互联网时代已经大大改变了我们的生活方式，但是旧的

商业形态并未完全退出市场，在这种新旧交替的过渡时期，也正是社群经济大发展的红利期。所以，抓住社群经济的红利窗口期，也就抓住了下一个"风口"。

　　传统工业时代在逐渐远去，未来经济和社区组织必定是社群矩阵式布局，每个人都可以成为独立的网点，既连接自己也连接世界。而且，社群经济下的互联网革命是必然趋势。社群经济的新商业形态下，共包含三大要素，如图 1-2 所示。

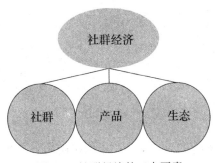

图 1-2　社群经济的三大要素

1. 社群

　　既然是社群经济必然少不了社群这个要素，没有社群就相当于房子没有支架，根基不稳当然容易坍塌。社群的存在能够聚集一批"乌合之众"，进而将这些"乌合之众"的注意力吸引过来。而注意力本身就隐藏着巨大的商业价值。在互联网世界，谁能获得关注度，谁就取得了 50% 的成功。

2. 产品

　　移动互联网的应用普及，使得协同作业效率有了大幅度提高，比如，会议现场发言人的演讲可以在网络上实时直播。社群之所以能够聚集有共同爱好的人，也是因为在该社群有相应的产品，能够获得价值输出。而产品本身也是一个附带宣传属性的自媒体符号，在消费者洞察的同时向用户传递社群理念。再加上社群和用户的存在，产品迭代更新速度加快，进而获得更高的市场宽容度。

3. 生态

　　有人说，生态在左，社群在右，而左右合一则构成了完善的社群商业形态。社会上各种不同类型和规模的社群组合起来，共同推动着社群经济发展。而生态则是以一个完整的体系支撑起社群的未来。

与此最相近的案例就是房地产开发商的综合生态策略,比如,在营销文案中会提到,购买此处楼盘会让业主的孩子获得名校通行证。另外,此处交通便利,商超、物业等配套设施齐全,也就是说,这个楼盘不仅仅是在卖房子,更深层意义上是一座产业新城。在这里居住可以满足业主的全部需求。这可以看作是一个小型的生态体系。

社群经济的三大要素是从商业形态方面考虑,当然社群经济最终要与社群红利相结合,这样才能实现变现。社群主导未来商业,也是新旧商业形态未来发展的必然趋势。

大数据时代形成大连接

阿里巴巴集团董事局主席马云在一次演讲中说:"人类正从 IT 时代走向 DT 时代。"并表示,IT(Information Technology)时代是以自我控制、自我管理为主,而 DT(Data Technology)时代是以服务大众、激发生产力为主的技术。从自我控制、自我管理到以激发生产力为主要目的的时代更迭,是技术的革新,更是思维方式的变革。

DT 时代,大数据必然成为热点内容,因为只有大数据才能实现服务大众、激发生产力的伟大目标。同时,我们也要对大数据本身有明确的认知,总体来说大数据兼具四大基本特征,如图 1-3 所示。

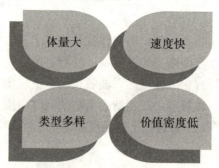

体量大　　　速度快

类型多样　　价值密度低

图 1-3　大数据的四大基本特征

体量大。从 TB 级别飞升到 PB 级别,1024TB = 1PB。有数据显示,国内某知名门户网站首页导航的数据超 1.5PB，而迄今为止人类的全部印刷材料仅为 200PB。

速度快。按照"1 秒定律"的运算规则，我们可以从大数据中获得很多信息，而且不同于传统的数据思维，大数据有很多来源，比如物联网、云计算、移动互联网、PC 端与移动端以及各种各样的传感器等。

类型多样。如文字、图片、视频、地理信息等都可以作为大数据类型，还可以从中挖掘出特定的个性化数据信息。

价值密度低。因为数据采集时间、样本有限等原因，可能造成数据失真或者是大量的无用信息。比如，警察在案件调查中可能会调取某个时间段内 30 分钟的监控录像，但是真正有用的线索可能只有几十秒。

大数据是由维克托·迈尔·舍恩伯格（Victor Meyer Schoenberg）和肯尼斯·库克耶（Kenneth Ku Keye）提出的，简单来说，就是对全部数据进行处理的数据集合，区别于以往的随机抽样调查的方法。从商业角度讲，大数据是在海量的数据中寻找有商业价值的那部分，由于是对全部数据进行分析，所以就涵盖了大数据的第一个特征——体量大。

从大数据被广泛提起开始，商业技术领域内先后推出了一系列大数据技术应用，比如，微软、惠普等全球著名企业，这说明大数据快速开启了一种新的商业数据模式。随着移动互联网、云计算、物联网的发展，数据量呈几何倍数增加，进而产生了更加庞大的数据体量。

这些海量数据隐藏的商业价值让诸多互联网企业跃跃欲试，这也是大数据爆火的原因之一，因为企业的本质就是追逐商业利益。

同时，大数据的存在让世界成为平行结构，即大数据时代形成大连接，大数据能够实现数据的全连接，不仅是网络方面的物理性连接，也涵盖内部的互联生态系统。另外，大数据所构建的连接性世界成为互联网思维下的最新产物，当然也包括物联网。此外，云计算的"云"和"端"模式，为大数据的技术层面提供了强有力的保障。

以上这些大数据的相关因素共同成为社群经济以及互联网革命的绝对支撑，既是当下互联网时间的碰撞，也是社群红利产生的根源之一。社群 3.0 时代在 2016 年已经到来，这时的社群以连接为核心目标，加速人、服务、信息和商品的全连接。

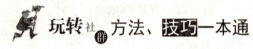

 以产品为中心转向以用户为中心

2016年1月5日，联想集团总裁兼首席执行官杨元庆在一封内部信中提到，"用户是业务运营的核心""要建立用户粉丝文化，与粉丝做朋友"，并表示要以产品为中心转向以用户为中心。杨元庆的内部信既是对联想下一年的工作动员，也是以行业领导人的视角对互联网行业进行趋势预判。

比如，在过去，企业以产品为中心，批量生产再销售出去以实现盈利，但是现在随着互联网以及社群经济的发展，以产品为中心的概念似乎有些失灵，取而代之的是以用户为中心，即洞察用户需求，满足用户需求。接下来，以酷派ivvi手机为例，简要介绍一下以用户为中心的重要性和营销作用。

ivvi是酷派打造的全新时尚手机品牌，聚焦中高端智能手机市场，其品牌定位是充满爱的时尚消费品，并且以年轻时尚群体为目标用户。在如今情感缺失的时代，社会需要更多的暖流和爱的正能量为心灵补充能量，以缓解人与人之间的信任危机、交流危机和情感危机。

作为一个具有社会责任感的企业，ivvi在创意之初就深刻思考社会现状，希望能够通过一款走心的手机品牌向外界传达企业的品牌理念，向社会传递正能量。

ivvi传递的品牌价值观对爱的定义也非比寻常：ivvi的谐音是"依偎"，寓意长久地依偎在一起，表达经得住考验、依然固守心中所爱的极致情感。为爱守候，"爱不释手"更能传递出珍贵的信念。综合来看，ivvi是一个极致走心的手机品牌，无论外界的看法和声音怎样，ivvi依然坚持自我，不断为年轻消费者打造与心灵深度对话的时尚智能手机品牌。

在营销模式上，ivvi整合线上线下资源，实现了线上与线下的同频共振，并率先开启了跨界娱乐营销的新模式。ivvi品牌自成立以来，一直致力于通过差异化产品与差异化的营销方式区隔于竞品。

另外，在对标竞品的同时，注重增强粉丝的用户黏性。在代言方面，ivvi邀请内地新晋女神赵丽颖作为形象代言人，高调娱乐营销。此外，ivvi还结合腾讯和乐视网络平台开展广告片角色竞选以及征名活动，收获了很高的参与度，真正做到以用户为中心产生内容。

虽然 ivvi 是手机行业的作品，但是也运用到了以用户为中心的商业意识形态，社群运营也是如此，社群产生红利以及由此带来的重要变化的表现之一，就是以产品为中心转向以用户为中心。但是，社群运营者也要注意以下两个问题，如图 1-4 所示。

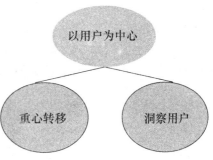

一是弄清楚中心变化的重点内容，这种变化更多的是重心的改变，不是放弃产品，而是以用户为出发点，对产品进行重心转移；二是注意从用户的哪些核心需求出发洞察用户，社群与其他社群有哪些优势和差异化表现，以用户为中心可以作为一种理念，但不是社群运营全部方法论。

图 1-4　以用户为中心的注意事项

第二节　社群红利变现模式

一个社群能够长久存在的主要动力就是有自己的红利变现模式，能够实现盈利，而社群变现的方法却不尽相同，电商模式、众筹模式、品牌模式以及自媒体模式，都可以实现盈利变现。什么样的社群适合什么样的变现模式，本节分别以五个小节的内容详细讲述社群如何变现。

"社群+电商"模式：基于社群模式的电商运营策略

有人说，2016 年互联网行业有三大风口，分别是社群电商、共享经济和网红经济。本小节重点探讨社群电商的相关概念。要理解社群电商的概念首先要从理解字面意义开始，社群电商拆分理解的话，就是"社群+电商"。它是对传统电商和移动电商的延伸拓展，也是一种全新的商业意识形态。

在"社群+电商"模式作用下，传统电商和移动电商都要经受前所未有的冲击。当然，传统电商和移动电商也可以通过转型向社群电商靠拢，但是成功与否却很难说。

要在社群内进行电商变现，前提是要搭建一个高活跃度的社群平台，同时，该社群也能利用社会化网络媒体工具进行联系，并能调动社群成员的积极性，吸引外围群众主动加入，也就是说，社群本身就是一个强大的磁场，黏合社群成员，吸引外围用户。只有这样，社群才有可能谈红利变现。

现实是，很多电商都将自己的宣传平台嫁接到了微信平台，包括微信群、微信公众号、订阅号，或者是自建 APP。无论形式如何，都是借用了社交工具的便利性和低成本投入的特点。同时，运用"社群+电商"模式进行变现作业时，社群运营者要考虑以下五个因素，如图 1-5 所示。

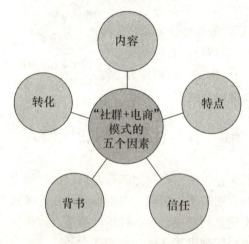

图 1-5　"社群+电商"模式的五个因素

1. 内容

内容是"社群+电商"模式的首要因素，特别是优质内容，没有强有力的内容输出，或重营销宣传轻内容品质的社群不会走得太远。事实上，很多品牌都是因为个别用户的差评而带来无法挽回的损失。而持续性的优质内容可以让自己的影响力呈几何级增长。

2. 特点

人群中最醒目的那个人往往也是最有特点的，或许是发型或许是穿着，总有一样很吸睛。社群的电商化运作也是一样，要有自己的特色标签才能有高辨识度。比如，在淘宝平台，有数千家女装店铺，排名靠前的店铺也就几十或几百家，如何突出重围，打败竞品，最重要的就是要有特点，能够满足目标受众需求。

3. 信任

就像社群众筹一样，"社群+电商"模式也是要有信任基底，包括对社群领导者的信任或社群产品的信赖，都能够聚集高势能，以便在变现时爆发出惊人的能量。

4. 背书

品牌背书、行业背书、大咖背书，都可以成为社群的特色证明，其品牌价值也有利于变现。比如，社群的某个产品获得了行业权威机构认可，这就是一种行业内的品牌背书，这样的标签推出去，当然会获得人们的认可和信任感。

5. 转化

"社群+电商"模式作为社群红利变现的第一种模式，当然有其意义，一个原因是电商形态下的社群变现比较普遍，也有成功案例；另一个原因是"社群+电商"模式的转化率可以非常高。消费群体能够集中汇聚在社群内部，进而产生联动性的消费行为，再通过分享和传播机制延长价值链，最终实现交易变现。

"社群+电商"是社群红利变现的重要模式，也是当下众多电商实现转型的主要渠道之一，但是，有社群不一定会实现电商形态下的变现，还要至少具备以上五个因素，才能吸引成员有购买消费动力，再通过传播实现多层次变现。

"社群+众筹"模式：如何通过众筹构建一个精英社群

在用户主导的社会中，解决用户真实需求成为企业的发展盈利点，也是品牌与用户建立良好关系的结点。同时，众筹作为一种新型创业融资方式，在近年获得了迅速发展。简单来说，众筹就是为实现某个项目，大家集体出资"凑份子"。

类似于过去，物资紧张时期，想要买一辆自行车，需要几个家庭共同出资，

或者是向身边的亲戚朋友借钱。几个家庭共同出资的话，每个家庭都可以使用这辆自行车，可以规定一个家庭用一周或半月，大家轮流使用。而在生产建设方面，如果缺乏资金或人力，也是动员身边的人际关系网，筹资，筹人。

现代意义上的众筹已经从狭窄范围扩展到新型领域，比如众筹用于完成项目。天使汇已经运用众筹的模式筹集了超亿元的股权众筹资金。

对于股权众筹的作用和优势，天使汇创始人兰宁羽认为："股权众筹对提高资源配置效率、激活社会闲置资本、激发参与者的积极性发挥着重要作用。"综合以上信息可以得出，众筹可以解决创业者缺资源、缺资金、缺平台的关键问题。

在众筹类型方面，除股权众筹外，还有债权众筹、会员众筹、捐赠众筹以及社群众筹，包括股权众筹在内，前四项众筹都是从不同维度定义众筹，而社群众筹是根据特定群体进行定义。

社群众筹就是在社群这个圈子内进行优化组合，目标人在社群里寻找目标资源，加速社群变现，最大限度释放社群资源价值。相比其他众筹方式，社群众筹的突出优势就是依靠社群这个平台，能够有效聚集有着共同目标的个体，快速形成信任基础。

众筹本身有一定风险控制体系。在社群内成员都彼此熟悉，有着共同的兴趣偏好，现在有个众筹项目需要大家拿出手中的资源，因为大家本身已经熟知，有了信任基础，这样的话，就能够集合大家的力量，但也不会完全限制成员。可以说，社群众筹是熟人基础上的众筹，但又不完全是熟人众筹。

当社群决定启动某项众筹计划的前期，就需要对众筹涉及的各方面内容进行审核，如图1-6所示。

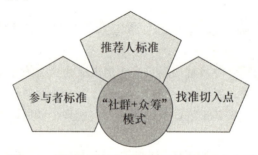

图1-6　"社群+众筹"模式需要考虑的三个方面

1.　参与者标准

社群制定一定的众筹参与者标准，对符合条件的个体进行筛选，进而选择对实现众筹项目有利的人力资源。按照对项目投资提供的帮助划分，参与者可简单分为两种：第一种是提供资金支持的参与者，第二种是提供资源支持的参与者。这里的资源包括管理、战略、人才、场地等。当然，很多投资人既会投入资金，也会提供资源支持。一个众筹项目可能会有 N 个投资人，所以，要对这些参与者制定标准，保证众筹项目顺利开展。

2.　推荐人标准

创投圈流传这样一句行话："服务得天下，推荐定江山"。可见，推荐对社群融资、启动众筹项目有着非常重要的作用。反面案例就是某些创业者在寻找投资人时，忽略或不重视推荐人的可靠性，最终导致项目落空。所以，众筹项目一定要有相匹配的推荐人，能够打动投资者，进而获得成功。

3.　找准切入点

众筹的结果不仅是获得投资人真金白银的支持，更重要的是在实现这一步前要会讲故事，特别是讲好故事，这样才能打动投资人。比如，第三章将要提到的"三个爸爸"空气净化器的众筹案例，该项目以"给孩子最好的"为切入点，非常容易打动用户，众筹成功也是意料之中的事。

以上是从众筹的三个方面讲述社群众筹的内容，算是抛砖引玉，特别详细具体的"社群+众筹"模式，更多还是和其他模式相混合。比如，众筹的同时会加入品牌的元素，运用自媒体等进行宣传，所以，社群变现不只是本小节提到的这一种类型，而是多个维度相作用的综合性结果。

"社群+品牌"模式：碎片化时代品牌推广必由之路

2015 年 8 月，世界著名的顶级休闲摩托车品牌——哈雷摩托车在上海举行首届 TOC 拓世越野挑战赛。一百多年来，哈雷摩托车以个性化的生活理念吸引着全球摩托车爱好者，也是自由、个性、情感的代名词，同时代表了一种对自由的追求。哈雷摩托车的总体风格特点是加大的厚重车轮、高大的摩托龙头、

加长版的车身、马达释放如音乐般的轰鸣声，这些都是摩托文化与精神象征的外化表现，也是硬汉的代名词，同时，哈雷摩托车深刻影响着全球哈雷骑手的价值观甚至衣着打扮。

另外，哈雷成立哈雷车主会，遍布全球的哈雷车主会将这种摩托车运动休闲生活方式带到世界各地。截至 2016 年上半年，哈雷车主会的会员人数已经超过一百万，有近 1 500 家分会。毫无疑问，哈雷摩托车已经成为一种价值品牌，以哈雷车主会、哈雷文化等组合成专属哈雷的品牌社群。

品牌在成长过程中，会将分散的个体消费者组合在一起，形成社群区域。除了哈雷品牌外，还有吉普车（Jeep），都是以独特品牌及丰富的底蕴来赢得全球不计其数的消费者。在特定的社群中，成员因为兴趣偏好集合为有着特定标签的群体，并且在集体活动中将这种共识进一步加深，形成深刻印象。

通过以上分析可以得出，社群与品牌当然能够结合起来，特别是在碎片化时代，人们的生活方式越来越多样化，注意力被海量信息剥夺，所以，谁掌握了用户的眼球和碎片化时间，谁就获得了成功。

当然，并不是所有的社群都可以走品牌化道路，实现"社群+品牌"模式的前提是社群具有一定的品牌基础。比如，社群能够为成员讲述独特而又生动的品牌故事、有品牌文化的积淀以及辨识度非常高的品牌标识。拥有这些元素才有可能实现品牌的社群化效应。

总体来说，"社群+品牌"的变现模式可以分为以下两种类型，不同的类型有不同的变现特色，如图 1-7 所示。

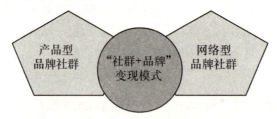

图 1-7 "社群+品牌"变现模式的类型

1. 产品型品牌社群

产品型品牌社群，顾名思义，就是以产品作为连接点，连接社群和用户。在社群内部，成员可以定期或不定期进行社群活动，特别是线下沟通交流活动，能够围绕产品进行深度交流分享。比如，前面提到的哈雷摩托车或吉普车，都是以实物动员集结全球成员，构成庞大的社群品牌团体。

2. 网络型品牌社群

通过网络手段和方式集结粉丝形成品牌社群，其特点是以在线渠道的形式为品牌助力，用户或铁杆粉丝在线交流体验感受，表达对品牌的兴趣偏好。随着线上线下渠道的贯通，这类社群往往也会加入线下形式。

以上两种类型主要是从社群与品牌的展现形式来划归类型，当然，要想让用户形成深度依赖，也要将品牌更多地渗透进社群建设中。比如，推出代表性产品，结合线上线下推广形式，进行全方位的品牌推广，进而增强用户的社群和品牌的认知理念，社群也会在碎片化时代赢得相对成功。

"社群+自媒体"模式：自由的发生渠道，秒杀权威媒体

2016 年 10 月 25、26 日，新浪微博在北京举行 2016 年 "V 影响力峰会"，峰会邀请了知名网红、人气博主、科技达人等千名大 V。峰会共分为五场圆桌论坛，六大主题演讲，另有 13 个领域的垂直分论坛，涵盖视频、直播、电商等。

在会上，还发布了相关权威数据，比如，2016 年第三季度，自媒体日均发布头条文章 13 万篇，阅读量总数超 1 亿次，日均发布图片 1.6 亿张，浏览量高达 47 亿次。

此外，新浪微博，平均每天产生自媒体视频 32 万个，播放量峰值达到 23 亿次，平均每天直播 26 万场，观看总人数达 538 万。

在发布文章上传视频的同时，自媒体作者通过微博平台获得收入 117 亿元，在具体收入来源方面，电商领域的自媒体收入达 108 亿元，广告渠道获得的收入达到 4.3 亿元，而来自打赏、付费订阅等渠道的收入也达到 4.7 亿元。由此推测，微博平台的势能可见一斑。

自媒体（We Media），也叫"个人媒体"或"公民媒体"，是传播者的代称，自媒体具有自己的特点，包括私人性、平民性、自主化。常见的自媒体平台有微博、微信、博客、百度贴吧以及论坛等网络社交区域。

微博具有强大的社交优势，自媒体能够在这个平台实现商业变现，"社群+

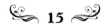

自媒体"的模式也可以成为自由的发生渠道，秒杀权威媒体。综合来看，社群与自媒体相融合具有两个鲜明的可持续性优势，如图1-8所示。

图1-8　"社群+自媒体"模式的优势

一是内容可持续。运营良好的社群本身就是一个可持续的平台循环结构，加上自媒体的内容输出，自然能够吸引精准受众，实现内容的可持续。

二是变现可持续。自媒体的优点是内容为上，可吸引一些铁杆粉丝，而社群能够为其设置一整套合理有效的变现模式。

在社群内部即可自然沉淀粉丝，所以，自媒体的内容当然也可以具有高度粘连以及频繁互动的特点。所以，变现模式也非常清晰。

相比直接向社群成员收费，包括门槛收费，产品收费，其实都是一着险棋，一旦某个环节出现问题，社群变现随即就成为泡影，这样让社群内部成员掏钱，虽可以实现却不能持久。但是，"社群+自媒体"的模式以社群成员共同创造为特点，使变现成为水到渠成之事。

比如，社群可以为成员搭建产生优质内容的平台，在这个平台上，成员需要的资金、创意甚至活动都可以由平台提供，然后，由成员产生内容"出售"给外围人，向非成员收费，进而实现社群变现。

除此之外，鉴于自媒体时代人人都可以成为自媒体的现实，社群可以让成员个体成为自媒体，直接参与社群建设。再构建一套传播体系，让成员成为社群代言人，对外进行口碑传播。

未来的商业形态中，社群必然是重点建设项目，同时，社群变现也是商业形态的必然结果，社群与自媒体这个元素相融合，拓展出自由的发生渠道，为社群注入新的时代机遇。

第三节　经典社群案例分析

第一章重点介绍了社群经济的大背景大趋势，社群与电商、众筹、品牌和自媒体结合起来即构成了当今社群红利变现的主流模式，本小节就重点介绍一下比较成功的社群案例，包括秋叶 PPT、吴晓波书友会、黑马会和小小包麻麻。以案例再现的方式为大家直观呈现社群运营的具体流程，帮助社群运营者学习借鉴。

秋叶 PPT，有比较才有差距

初入职场，你可能对重要的办公软件 PPT 略知一二，但是真正将 PPT 做到精致美观、丰富清晰的人却不多，所以《秋叶 PPT——三分钟教程》应时而生，它是一个专门讲授 PPT 制作方面的经典电子书。搜索微信公众号，就能够获得关于秋叶 PPT 的相关信息。此外，还有秋叶 PPT 网易云课堂在线付费课程，满足职场人对 PPT 的学习需求。

秋叶 PPT 的作者原名张志，是湖北黄冈人，机械工程硕士，其头衔有武汉工程大学机电学院副教授、新浪微博名人、PPT 专家、实战网络营销专家。已出版的畅销书有《和秋叶一起学 PPT》《说服力——让你的 PPT 会说话》系列、《轻松学会独立思考》《不要等到毕业以后》等，其《和秋叶一起学 PPT》付费课程在 39 天内，总销售额轻松破 10 万大关，这个课程最大的特点就是实操性强，学起来非常有趣不枯燥。

图 1-9　秋叶 PPT 社群运营发展路线

秋叶本人也是社群营销高手，他通过在线课程、微信公众号及电子书，以 PPT 为核心，将 PPT 的制作与应用技巧传播给了更多的人。从最初的 PPT 达人到成功运营 PPT 社群的核心人物，秋叶对待社群的理念与思维值得很多社群运营者学习，如图 1-9 所示。

1. 社群建立与拓展

秋叶最初只是一名简单的 PPT 教练，为学员们在线答疑，随着人数逐渐增多，传统的答疑已经无法满足学员的要求，所以要从产品开发入手，消灭答疑，让课程的知识点简单明了。发展到现在，它已成为典型的 PPT 社群。秋叶的 PPT 在课程设置方面主要围绕场景设计，每一节课都经过精心准备，针对学员的痛点、难点开展，专门讲授 PPT 技巧，轻松简单，实用性强。

2. 品牌意识和学员互动

有了社群组织，社群运营者就需要与学员进行互动，以打造品牌为核心建立全方位的社群互动课程。秋叶 PPT 的 QQ 群、博客、微信公众号就是最好的互动空间。比如，在微信公众号上，学员们可以学习分享三分钟教程，只需三分钟就能够学习一个 PPT 小技巧，还可以上传自己的作业作品，"群殴" PPT，大家来比比看谁做得好。有了互动，社群活动才能够活跃起来。

3. 社群管理与升级

社群内的学员人数众多，如何规范化管理？如何增强群内的活跃度？对此秋叶专门安排核心社群成员管理相关课程，制定群规，同时，有计划地分裂复制社群。为保持社群活动的一致性和规范化，社群的领导者应该是社群的灵魂人物，他们占据着社群金字塔的顶端位置。这样便于社群管理，使其不至于混乱无秩序，同时，也能有效传播学习型社群组织的高品质课程。

4. 付费机制激发动力

天性决定人对免费得来的不会特别珍惜，而付出代价所得却会倍加重视。这也是付费模式的好处，付费以后才能享受相应课程，遵循老师的教学安排持续增强学员的学习动力。同时，要根据目标学员群体的收入水平确定课程价格，课程也要做到精致，以免学员产生受骗感，影响社群发展。

有比较才有差距，相对于一些简单的付费学习型社群，秋叶 PPT 的社群有效积聚了学员的学习势能，QQ 群、微信公众号、微博三者联动而又有明确的分工，互动、答疑、分享课程，各司其职。朋友圈投放广告也能收获不小的流量和关注度，这才是学习型社群最应该具备的品质。

 吴晓波书友会，与时代同行

吴晓波是中国著名财经作家，曾被《南方人物周刊》评为年度"中国青年领袖"。他自导自演了国内首档财经脱口秀节目——吴晓波频道，该节目是国内目前较大的互联网财经社群，有微信公众订阅号、财经类脱口秀视频及音频、书友会等具体的互动形式。

　　吴晓波建立运营的社群组织，借社群内人与人之间所产生的普遍联系生成资源，最终转化为变现机制。

　　由吴晓波频道延伸出的社群形式不断扩展和升级，吴晓波书友会也随之成立，并在约九十个城市组建了书友会，这些书友会组织各城市的线下读书活动。

　　2015 年 8 月，首届中国互联网移动社群大会在北京召开，吴晓波在社会上作了演讲，其中提到了书友会的运营。书友会初期的管理是按照《罗伯特议事法则》管理团队，让大家学会开会，组建早期的地区性班委，在各地组织活动。

　　群内在线活动大部分是通过 QQ 群完成的，在 QQ 群里，群内成员根据兴趣划分了新的小组，比如，阅读、旅行、理财、创业、户外等，在此基础上建了新的 QQ 群，微信群等。这些陌生的人因为吴晓波频道聚集在一起，又因为书友会的线上形式，实现增值连接，再根据兴趣导流到线下。在一些大的社群，在些活跃的书友会社群在半年时间里开展了两百多场活动。

　　吴晓波书友会能够迅速扩展到多个城市，是因为其复制性、可模仿性非常强，一个地区成功了，其他地区就可以迅速复制过来，没有地区和时间的限制，因为兴趣筛选和目标锁定已经排除了干扰因素。

　　从吴晓波书友会的运营过程中可以提炼出关于社群运营的三点关键性信息，如图 1-10 所示。

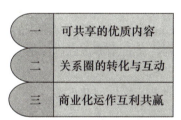

图 1-10　吴晓波书友会社群运营的关键信息

1. 可共享的优质内容

　　内容为"王"同样适用于社群运营，优质内容是基础，可共享是传递形态，只有这样才能将大家聚集在一起，有共同的价值观和态度以及归属感，能够传播知识和正能量。同时，依靠可共享的优质内容的支撑，社群才能够存活和发展。

2. 关系圈的转化与互动

社群就是将有共同爱好的人聚集在一起形成的圈子，在圈子内，成员能够切实感知对方，能够与对方或多方互动，创业者能够在社群圈子内找到前辈指导，能够获得资金资源；户外爱好者能够寻找驴友，分享旅行经历，相约下一次的出行计划；年轻妈妈能够在社群中交流照顾宝宝的经验，沟通母婴用品使用体验等。简言之，社群是真实存在的，所以它才能够持续运营并且长久存在。

3. 商业化运作互利共赢

吴晓波曾说，要认可商业之美，崇尚自我奋斗，商业化模式并不只是金钱连接的关系，更是高效便捷的互惠通道，社群成员能够在共享沟通中获得自己想要的，分享自己拥有的。这才是社群运营的商业秘诀。

吴晓波书友会的成功是当下中国社群活动的典范模式之一，也值得广告社群运营者学习和研究。真正的社群是让大家在圈子里既玩得开心又有所收获，社群运营只有按照这个目标去规划才可能持续发展下去。

黑马会，只做创业与智慧的平台

黑马会（Dark Horse Club）是创业家传媒旗下的社群服务产品，实行严格的实名制、会员制、收费制，并在全球范围内接纳会员，会员需每年缴纳三千元会费。黑马会是创业者们的平台，其通过黑马导师团的引导解惑，为广大创业者，特别是中小企业创业人，提供创业支持。

黑马会创始人——会长牛文文曾说："我们要把黑马会变成一个融资、孵化、成长的社群。"而黑马会本身也确实在迅速发展壮大，到2016年，黑马会社群已经在全国数十个城市成立了地方分会，黑马会已经成为黑马创始人相互交流和学习的圈子。

目前，黑马会社群包括黑马会、黑马营以及黑马大赛三个层级结构，共同支撑起中国的创业家平台，并且逐渐由学习型社群向金融社群转变。接下来将详细介绍黑马会社群的三大层级，如图1-11所示。

图 1-11　黑马会社群的三大层级

1. 黑马会

在成立之初，黑马会是依托创业家传媒的资源优势发展起来的，它汇聚了当下中国经济转型期最具潜力的企业创始人群体，他们以地方分会和行业分会的形式推进黑马会的各项创业工作，同时结合移动互联网构建日益完整的 O2O 服务网络体系。加入黑马会的会员可以在社群内对接商业资源，在朋友圈寻求合作伙伴，让创业者帮助沟通创业者。

2. 黑马营

在 2015 年底举行的创业黑马社群大会上，空间家 CEO 轷（hū）震宇的"企业选址神器"空间家 APP 以第一名的成绩成为名副其实的黑马，创业仅 4 个月累计成交金额突破 1 亿，空间家的阶段性成功也证明了黑马营作为高端综合性创业服务平台的实力。黑马营确实能够为有潜力的创业企业提供成长平台。

3. 黑马大赛

黑马大赛是中国规模最大的创新型成长企业投融资选拔大赛，参赛企业可以在黑马大赛中寻求风险投资机会，并能获得明星企业家提供全方位的分享指导以及投资经验。可以说，黑马大赛既是参赛企业的竞争舞台，也是学习成长的社群平台。

2015 年底创业家杂志发布重大更名消息，创业家更名为创业黑马集团，一路走来，创业黑马社群已成为中国最大的创业者社群，现有用户数 100 万名，付费用户 2 万名，到 2015 年 11 月，黑马会社群在过去一年的融资总额已经高达 609.63 亿元。这些成绩说明，黑马会社群已经成为当下中国最活跃、交易量最高的创业者社群之一。

创始人牛文文已经成为许多创业者眼中的焦点人物，黑马会在他的领导下已顺利进入"社群+金融"的发展轨道。

 小小包麻麻，为孩子精挑细选

　　小小包麻麻是一个专注于婴幼儿养育知识分享的微信公众号，于2014年6月正式上线，在两年内，小小包麻麻公众号的粉丝已经突破200万，并在2016年4月份获得数千万元的A轮融资，投资方是龙腾资本。

　　内容方面，小小包麻麻主要包括育儿知识和产品测评两大块，后者主要以短视频的形式呈现，每周推送一篇。上线运营两年多以来，单纯从内容方面来看，小小包麻麻的成绩不俗，其陆续推出了四百篇左右总阅读量超10万的爆文。在社群电商方面，由小小包麻麻产生的电商业务每个月收入超过3 000万。

　　连续不断地推送优质内容，让数百万宝妈、宝爸们爱上了小小包麻麻，也信赖其推荐的每一款产品，很多产品一旦被推出，瞬间就被秒杀，这已成为小小包麻麻电商的销售常态，足见其火爆程度。

　　从当下的市场容量来看，随着二胎政策的放开，母婴行业也迎来了新一波的利好趋势。华泰证券预测，预计到2018年，新生儿有望超过2 000万，其中隐藏的可能性消费每年可达1 200亿~1 600亿元。而这一代父母多是80后、90后，相比父辈，这些年轻的宝爸宝妈们更倾向于从微信、网络、书籍以及母婴专业人士等渠道获取育儿知识，选购母婴产品。

　　在这些利好趋势的刺激下，一批专注于婴幼儿养育知识分享的公众号也应运而生，这也是小小包麻麻创建与迅猛发展的商业大环境。

　　有了社群电商的优质内容输出，再加上商业环境的利好作用，在公众号里打广告卖货最为常见，并不稀奇，但是如何吸引目标粉丝群体，让他们认可平台和产品，才是当下社群运作模式的重点和难点，毕竟在缺乏面对面交流的网络环境里，买卖双方和平台建立起真诚的信任关系不是一件容易的事情。

　　小小包麻麻的创始人——小小包爸爸贾万兴认为，创始人本身的个人魅力所产生的影响力是有限的，要在更大范围更深影响力方面有所拓展，就需要挖掘微信公众号的潜在市场。比如，宝宝在0~3岁阶段，宝妈宝爸们需要的是备孕生产、婴儿养育方面的知识，在3~6岁阶段，宝妈宝爸们又需要了解儿童心理知识、讲故事读书方面的要求。面对多样化的受众群体，单一的微信公众号很难全方位满足不同的消费需求。因此，小小包麻麻就和多个母婴公众号展开合作，共同推送内容，这样既能扩展内容，还能卖货，进而形成一个大的母婴垂直领域矩阵，这也是小小包麻麻社群的成功之处。

结合前面三个小节的经典社群案例，再加上本节的小小包麻麻的母婴类妈妈社群，可以看出，在用户端，社群活动要经历以下三个基础步骤，才能构成社群活动的基础，如图 1-12 所示。

图 1-12　社群活动的三个基础步骤

1. 粉丝群体

社群要有人参与、管理和规划，而去哪里找粉丝也成为社群活动的关键性问题，QQ 群、微博微信、论坛贴吧、朋友圈，包括地推活动，都可以成为寻找拉拢粉丝的来源地。

2. 激发活跃度

找到了粉丝，也把他们聚集在了某个圈子内，要打造出高人气的社群氛围，还要激发群内成员的活跃度，大 V 答疑、活动策划、赠送礼品、H5 互动小游戏、微信活动等，都可以让粉丝自己活跃起来，活跃度提高才能吸引更多的用户。

3. 口碑传播

"让大家通知大家"，用户体验好才会自觉为你的品牌作传播，可以运用社群活动本身的传播机制，如"比赛+投票"等形式，使口碑性传播真正达到高效率。

互联网变革中的社群经济成为一种新型的经济模式，也使移动互联网衍生出全新的商业形态，社群与电商、众筹、品牌以及自媒体发生关系并创造价值就是趋势，而经典的社群案例就是最好的证明。

第 2 章

社群长生：能持续存活的社群必备五项

↘ 第一节　伪社群：你以为这是社群，只是表相而已

↘ 第二节　有价值观：是什么让我们聚到一起

↘ 第三节　有活动：给予归属感

↘ 第四节　有媒体：持续传播

↘ 第五节　有培训：单一方面成长

↘ 第六节　有交易：让社群价值最大化

移动互联网的大背景下，社群有了利于成长的沃土。但是，持续运营好一个社群不是件容易的事，数量繁多的微信群、QQ群是不是就是社群？答案是否定的。本章将揭露什么是伪社群。同时，也将为大家解读社群长存的五项必备技能：价值观是核心；活动是增强剂；媒体传播是拓展途经；培训是为保持前进的动力；而交易则是社群变现的主要途径。

第一节　伪社群：你以为这是社群，只是表象而已

唐兰最近被邀请加入了小学QQ群，群主是当年的班长，班长会在群里不定期给大家分享一些最新的新闻资讯的分析，还会根据同学的要求上传一些货品信息，包括茶叶、玩具、家居用品等，可以说，这个QQ群就像一间杂货店。像这样的QQ群就是类似于社群的伪社群，你以为这是社群，只是表象而已，本节将揭示一些伪社群的表象形态。

建几个 QQ 群、微信群

有人说，自己建的QQ群有四个人数满员，微信群成员数量也很多，自己每天也会做推广，很辛苦却没有赚到钱，社群运营效果也不明显，怎么办？实质上，建几个QQ群、微信群，还远远没有达到社群的形态要求，甚至是伪社群，只是你自己以为这就是社群，其实只是表象而已。

QQ群、微信群的存在确实聚集了一批人，比如，小学同学群、大学同学群等，大家可以在一起说说今天发生了什么，围绕一个社会热点展开讨论，自由表达自己的观点。但是你很难在微信群里号召你的同学们集体买你的面膜，即使可以，这个办法也不能长久。

所以，仅仅建几个QQ群、微信群根本不是社群的形态，因为群内的人员混杂，大家都在不同的领域忙着自己的事情，没有多少稳定、有向心力的价值观念输出。

每周有人分享知识

有人每周都在朋友圈分享知识，比如，上周吐槽了二胎政策，这周研究了
体育新闻资讯，下周在微信群里分享了一条生活小常识。看起来这个群里都有
知识分享，但真正的社群性分享是这样的吗？当然不是。

在伪社群空间里，定期会有新的信息输入，成员们或看或讨论几句，甚至
直接屏蔽，为什么？因为分享的内容没有价值，而没有价值也就没有长期的好
友链，屏蔽成为必然。内容纷繁多样不代表真正的包罗万象，同时，也无法形
成强有力的核心价值观，这样的圈子当然属于伪社群。

 每周有人打广告

秋叶曾说："99%的社群是伪社群、假群规、无变现。"99%，数字有些残
酷，但现实更残酷，这样的社群大部分会在一到两年内便悄无声息地消失。

当初加入这个免费微信群是想分享运营类干货，响应推荐大踏步地进来，
以为没有站错队，渴望收获一些专业知识，但想要的知识没有出现，各种闲聊
和广告信息却频繁登场渐渐地你对这个平台再无期待感。所以，人们默默地设
置成了免打扰状态，即使在第二天有真正的知识蹦出来，但已经处于免打扰状
态的人们当然无法再收获干货，久而久之，遗忘成为必然。

再发展下去，微信群、QQ 群成了灌水群、红包收发群、多彩广告群、毫
无生机的哑巴群，获取干货的初衷已经荡然无存。也许，有些群成员确实乐意
沉浸在这种氛围中，好打发多余的闲暇时光，但真正学习知识的人可不这样想，
每天太忙，忙到没有太多精力关注陌生人的喜怒哀乐，所以，退出或免打扰也
成为意料之中的事情。

由秋叶、秦阳、陈慧敏三人合著的《社群营销》一书中有这样一句话："任
何事物，没有价值就没有存在的必要。每个人的时间是有限的，他愿意分配多
少时间给你，取决于他对你的灵性和黏性，取决于你所能提供的价值，如果没
有价值，他就选择退出。"所以，无价值无输出，不是真正的社群，更谈不上社
群经济。

偶尔有线下见面活动

某个微信群小伙伴在几个活跃成员的动员下，组织了一场线下见面活动，大家在中心商业区一家餐厅见面聚餐，聊了聊群内的事情，为更好地运营这个微信群提了十几条建议，记录、执行、反馈方面也都设置了专门人员，看起来有模有样，但是这样的微信群还不是真正的社群组织，一次线下见面活动并不代表群内已经具备了社群的早期形态。

今天见面聚个餐，明天去户外钓个鱼，线下活动多种多样，想去的可以私下联系，不想去的也不勉强，毕竟大家时间有限。这样的线下活动也受制于区域性因素，比如，千里之外的成员无法参加户外钓鱼活动。也可能是这次钓鱼活动根本没有太多的吸引力能够让成员克服地域阻隔去和其他成员见面。

第二节　有价值观：是什么让我们聚到一起

相对于伪社群，真正的社群具有能持续存活的条件和能力，居于首位的就是价值观。价值观是区别社群之间的重要分界线，同时赋予社群个性化的标签。比如，在这个社群里，大家可以分享行业前沿知识，拓展思维，也能够预见行业趋势。或者用户只是在社群内购买优质产品，和有着共同兴趣爱好的网友一起探讨心得，而这些都是以相同的价值观为前提的。

启发思维

社群以及社群经济的兴起是有时代大背景的，互联网，特别是移动互联网的发展使得流量入口的扩展性非常强，对于社群内的成员来说，加入社群可以获取知识，启发思维，这是最重要的一点，也是社群运营者做社群工作的关键点。将有共同价值观的人们汇聚在一个平台上，探讨问题，启发思维。

社群本身就是移动互联网时代背景下，人与人之间建立的新的联接关系和生存状态，成员可以自愿加入或退出，同时，在这个关系网内，成员能够自我优化组合，构建新型社交关系。人与人的关系本质上可以分为以下三种，如图 2-1 所示。

血缘关系　　情感关系　　价值关系

图 2-1　人与人的三种关系

1. 血缘关系

人与人之间的血缘关系是一种生理基础上的天然的物理联接，以语言表达为媒介，从父母等血缘上下联接，再拓展到朋友、同事等社会关系的网状联接，人既是一个结点，也是一张复杂的关系网。

2. 情感关系

当两个人在心灵层面有了联接以后，联接关系就跨越了血缘升级为更高层次的联接。比如，你的丈夫/妻子，毫无血缘关系或此前也没有任何的社会性联接，但通过爱情的高级情感连接，建立了一种相互缠绕、紧密牢固的社会型情感线。

3. 价值观关系

有着相同价值观的人也可以构成一个组织或团体，而这也是社群建立的基础条件之一。比如，相隔千里的动物保护志愿者，依靠互联网沟通，组织策划活动，集结更多的人为同一个目标努力。

所以，社群关系中的思维，不仅仅是运营者要传递给成员的思维理念，更是成员与成员之间及社群存在的精神支柱。比如，一个户外旅行的付费社群，成员年龄在 30～45 岁，有一定经济基础，线上以微信群为媒介，传播户外知识干货，微信商城销售户外用品。班长在群内管理成员，定期组织线下活动，动员成员达成相关合作，注重参与感。同时，及时筛选剔除不合格的沉睡成员。

这个付费社群既能吸收新成员，给团队注入新的活力，也能够保证团队整体质量不缩水。而在过去，是一边砸钱吸引新的用户，弥补老用户离开的损失；一边平台在中间赚取商业和时间差额，以维持社群生存。显而易见，在过去，社群用户间是被分隔开的，没有实质性的联系，其思维固化，当然也很难为成

员提供更多有价值的理念。

众所周知，好的社群必然会为群内成员输出优质内容，同时，注重活动氛围和激发性体制。让成员既能够获得知识，又可以参与活动，有概念性获得，有实践性获得，这样的社群自然具有超高人气和超强变现能力。

所以，社群运营者要从这个层面入手，以活动思维和内容思维的双向作用为成员带去真材实料，让成员感受到共同的价值观传递出的向心力和感染力。

预见趋势

艾瑞咨询发布的《2016 年中国网络社群研究报告》显示，社群与群成员沟通的平台比较多，其中微信群和自建 APP 分别占到了 61.1%和 55.6%，其他还有微信公众号（52.8%）、自建网站（50.0%）和 QQ 群（50.0%）。由以上数据可以看出，腾讯系产品综合占比超过八成，而且自建 APP 和自建网站也越来越受重视，有逐步成为社群主流平台的趋势。

社群平台的呈现模式和平台展现都差不多，主流平台还是集中在腾讯系产品中，当然，社群间的区别和差异化还是非常明显，从行业界线到社交化平台，从 2015 年以来，社群模式本身也呈现迅猛发展的趋势。接下来，将简单介绍社群未来发展的可预见性趋势，如图 2-2 所示。

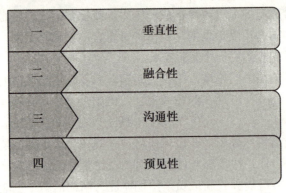

图 2-2　社群未来发展的可预见性趋势

1. 垂直性

社群发展越快，其模式的可复制性也就越强，因为已经有前人探索过，后继者只要绕开难点即可大踏步向前。2015 年起微信社群的红利期逐渐缩短，社群也从闲聊模式逐步走向专业化，垂直性就是第一趋势。

以医疗健康行业为例，已经有社群为此行业内的垂直人群打造出专门的社群类别。比如，医院医师、医药销售代表、肿瘤病人、新特药、药店店长等，分化出了多个高度垂直的专业社群。

未来，社群的垂直化特性还会衍生出更多的专业行业类别，以服务于更广泛的群体。

2. 融合性

这里的融合性指的是针对社群成长的规律性，打通线上线下沟通闭环，加速成员间的融合，在共同价值观的指引下创造更辉煌繁荣的社群群体。

比如，面向高端商务群体的社群，要加强线下端的关系黏合，因为线上大家只能短暂性交流，无法就某些专业问题深入探讨，而线下活动正好可以弥补这个短板。而在线下，由于地域阻隔等原因，最好是以城市分会的形式聚集本地社群成员，既能加强联系，又可以提高社群运营效率。

3. 沟通性

社群活动当然少不了沟通环节，但沟通不只是成员间的互动与交流，社群运营者要考虑的重点问题是如何让成员与社群保持持续性的沟通状态。

比如，学习型社群，大家一起学习经济学，在微信群共享学习心得，这样热情可以坚持一个月、两个月甚至更久。如果半年或者两年以后大家当初的学习热情消失了呢？纯知识是相对固定的，但人的沟通却是可以无限扩展的。

这就要发挥线下活动对成员的凝聚作用。比如，一场高端高尔夫球赛或者是徒步比赛，将企业家商务人士汇聚到一起，既能增强社群活动度也能够加强成员沟通，甚至促成一笔大生意。

4. 预见性

社群预见性指的是两方面的内容，一是社群对自身和行业内的预见性，二

是社群本身对成员的价值观引导。前者强调社群作为行业新生事物对未来和大环境的思考，后者是对社群成员的影响力，即成员在该社群能够获得什么，能够以何种价值观接触到什么样的个体。

理想状态下，社群能够对自身有明确的发展规划和价值观引导，也能传递给成员一种价值观，成员在社群中可以找到归属感和使命感，以参与的精神助力社群发展，而不是纯粹的旁观者，这样的社群才有动力有能力持续存活下去。

兴趣爱好

移动互联网的技术成熟使得社群平台的获客成本大大降低，一个微信群就可以聚集几百个社群成员。而在过去，即使只有几十个会员，通过打电话、发短信进行联系与沟通也需要不小的投入，而现在群发一条微信就能搞定。

当获客不再是问题时，获得什么样的"客"就成为关键问题，从某种意义上来说，用户资源已经从量的争夺转移到质的获取。人数再多的微信群，定位不清晰，目标不明确，也很难真正盘活。而兴趣爱好这个关键点就成为筛选用户的重要法则，阿里CEO张勇说："商业正从'物以类聚'走向'人以群分'"。

从社群的本义来说，也是这样，社群本身就是一群有着共同的爱好、属性或目标的人汇聚在一起所组成的集体，目前运营比较成功的社群也说明了这一点，因为有着共同爱好的人才有话题聊，不会沉寂。同时，以汇聚某种目标人群为主的社交工具或互联网平台也获得了巨大的成功，比如，腾讯的 QQ、阿里巴巴的淘宝等。

QQ 从最初的定位简单的 PC 端社交软件，进化成为当下中国互联网的重要力量，也汇聚了许多 80 后、90 后的青春记忆。淘宝本身不生产衣服，但却汇聚了大量的服装卖家和买家，自身也成长为中国电子商务的支柱性力量之一。

这就是成功汇聚有着共同爱好的人所带来的好处，同样的，互联网思维下的社群生态体系能够持续生存下去的动力，也是因为社群有能力汇聚一批有着相同价值观的人。同时，共同爱好只能从单个维度判断个体偏好，但社群是众多个体的集合。

所以，同一个社群，大家可以来自不同行业，学习背景和环境也可以有很大差别，但不同元素碰撞才能产生意想不到的效果，为社群增添更多的活力。

将有着共同兴趣爱好的个体聚集以后，怎样保持这些人在社群中的活跃度和参与度？也就是如何按照兴趣爱好的一致性打造社群活动。图 2-3 所示为兴趣爱好维度下的社群运营。

一　　社群目标

二　　探讨氛围

三　　深入话题

四　　奖励机制

图 2-3　兴趣爱好维度下的社群运营

1. 社群目标

社群构建者要在早期就为社群制定运营目标，包括建立什么样的社群？社群要实现什么目标？如何实现？可行性如何？是单纯的兴趣爱好的交流还是深度学习？是专注于提升品牌影响力还是无功利性的兴趣组织？这些都是关于社群目标的重要问题。问题的答案也会直接影响后期社群运营和发展方向。

2. 探讨氛围

既然是共同爱好，肯定有相关话题要探讨，社群要为成员搭建探讨的平台，即使不清楚全部成员的身份信息，也可以通过相关话题的讨论，加强参与感，活跃社群氛围，这有助于社群的自然良性循环。

3. 深入话题

社群不是单纯的闲聊群，而是带有目标，以创造价值为核心的集合，所以，社群创建和运营者要把握好成员的话题探讨维度，一方面要管理维护社群；另一方面也要与成员和谐相处。

4. 奖励机制

对活跃的社群成员要适当奖励，激励社群中的沉睡成员。比如，可以机会均等地获取管理权限，让社群的活跃度和黏合度都与成员紧密联系在一起，既可发挥兴趣专长，又能提升管理水平。

以兴趣爱好为切入点，只是社群粉丝获客成功的第一步，如何发挥成员积极性，延伸话题内涵，提升话题价值才是社群运营的重要问题。

第三节　有活动：给予归属感

在社群内开展一系列的互动活动可以有效增强成员对社群的归属感和责任感，以主人翁的心态关心社群的成长和发展。比如，社群组织线下交流会或分享会，相关方协调合作，积累社群线下活动经验。邀请大咖分享独家消息，现场体验活跃氛围，直面解答疑惑，这也是线下活动为什么能够给予参与者归属感的重要原因之一。

 组织线下交流会

有着共同价值观的用户能够汇聚在社群中，在线上大家各抒己见，热烈探讨，彼此互动，当时机成熟时，社群创建者就要着手组织线下活动，如线下交流会。毕竟线上再活跃也会给人一种飘在云端的感觉，如果线下活动日益成熟，就可以复制下去，扩大社群规模。

比如，社群成员 500 人，分布在北上广的占到八成多，如果在这三个城市举行线下巡回交流会，每期一个主题，同时，配合以直播等方式传播出去，那影响到的就不只是 500 人，可能是上万人，甚至百万级别。

确定组织一场线下交流会以后，就要从各个方面着手准备工作，最重要的就是实现三方共赢，即投资方、行业 KOL 和参与者。接下来，就以这三方面为切入点，解读社群线下交流会的运营攻略，如图 2-4 所示。

1. 投资方

从投资方角度看，审核线下交流会效果的方式主要有两种，参与人数和直接收益。参与人数方面看是否达到预期目标或超过预期，收益主要是举办一场交流会的收入，包括门票收入以及带来的品牌效益。

投资方或者是赞助方给社群的线下交流会提供物质支持，当然他们也希望获得相应回报，所以，社群创建者要全面考虑这些问题，毕竟社群也是一种商业形态，要以盈利为目的。

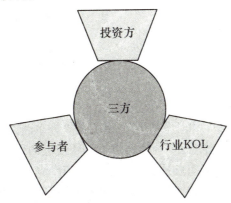

图 2-4　社群线下交流会的三方运营

2. 行业 KOL

KOL 指的是关键意见领袖，英文全称是 Key Opinion Leader，简称 KOL。行业 KOL 是行业内具有相当权威性和话语权的人物，邀请 KOL 在交流会上交流分享专业见解，非常有利于提高交流会的整体质量。包括一些大咖、知名企业家，他们的演讲和心得分享往往会自带强大吸引力，吸引许多 KOL 忠诚粉丝到场聆听。

3. 参与者

除了粉丝外，社群线下交流会的参与者更多的是社群成员以及相关的工作人员。其实，参与者是扮演了观众的角色，更多的还是考验社群创建者对线下活动的把握程度，包括会前交流，目标制定以及应急预警机制等。一般来说，将这些工作做好了，参与者的用户体验也不会太差。

既然是交流会，必定会有双方或多方的沟通与协调，在交流会期间要设置互动环节，交流问题，分享心得。这样既能活跃气氛，也可以提高沟通效率，以便发现问题及时解决。

在社群运营细节方面，社群创建者要注意提升核心用户的黏性，增强信任感，只有种子用户对社群有百分百的信任，才能够激活社群潜在资源。同时，核心用户也会将这份信任传递出去，影响更多的人。

在激励方面，可以适当给普通用户一些奖励。比如，礼品、与 KOL 的合影签名等。对行业 KOL 也要有物质奖励，就是价值肯定，KOL 也能够在交流会中获取更多的粉丝，实现自我价值。

组织线下分享会

不同于线下交流会，线下分享会注重的是"好东西大家一起收获"的共享理念，社群在线下举办分享会，一定程度上是将线上的优质内容移植到线下来，其目的更多在于让参与者有归属感，能够真切感受到社群的存在和力量。

社群创建者和组织者在确定举办一场或一系列线下分享会时，第一个要考虑的事情就是分享会的主题，它会贯穿整个线下分享会活动，甚至会影响后期活动理念和走向，所以非常重要。一般来说，分享要与价值联系起来，分享创造价值也是比较流行的概念。所以，分享会的性质要比交流会更注重结果的展现，将成果或头脑中的专业知识储备拿出来才能实现分享，这也就是为什么分享会会邀请某些大咖的原因。

社群组织的线下分享会要重点把握以下六个方面的问题，如图 2-5 所示。

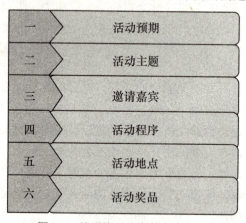

一	活动预期
二	活动主题
三	邀请嘉宾
四	活动程序
五	活动地点
六	活动奖品

图 2-5　社群线下分享的六个问题

1. 活动预期

活动预期要在各个方面制定一个大致规划。在社群成员中有多少对线下分享会感兴趣，或者有什么好的建议，即使成员无法参加活动也可以通过其他方式参与。可以在会前开展投票调查，了解有初步意愿的成员。同时，可以为活动预热，起到吸引眼球的作用。

2. 活动主题

类似于线下交流会，分享会也要围绕某个主题展开，这样工作人员才能开展接下来的相关事宜。比如，制作海报，策划文案，设置报名流程和方式等。

3. 邀请嘉宾

这是线下分享会比较重要的环节，嘉宾的身份等级、专业水平及对分享会的参与热情，都会影响分享会的整体质量，高质量的嘉宾可以提高会议的知名度和最终效果。所以，社群运营者要尽可能邀请行业或领域内的知名人士，配合活动主题，进行分享活动。

4. 活动程序

烦琐冗长的活动程序会增加参与者的疲劳感，不利于活动的整体效果，所以，社群工作人员要适当缩减活动程序，照顾到参与者的时间、精力。

5. 活动地点

分享会也是以会议的形式召集一批人到某个地点，所以，组织者要尽可能选择安静宽敞，交通便利的地点，减少参与者的路途成本。

6. 活动奖品

在活动策划阶段，社群运营者就需要将礼品的活动部分设置好，包括活动奖品来源，是否需要赞助商。如果需要，与赞助商的协调合作等问题，奖品获得方式以及人数，要达到的目的等，都是与活动奖品相关的问题。也可以借鉴之前的活动经验，避免在细节方面出现问题。

为了增强活跃度，可以迎合社群性质将分享会以趣味比赛、讲座、培训等形式呈现。分享会的目的是将更多的优质资源从线上移植到线下，扩展开来，触及更广范围、更深层次，所以，社群运营者要重视每一次的线下分享会，对活动从主题到细节全方位把握，才能举办好一次分享会，为以后的活动积累更多经验。

第四节 有媒体：持续传播

移动互联网时代，人们瞬间就可获取信息，而社群通过媒体传播可以持续发酵，引爆社交燃点。通过有效传播，社群内容可以从初期的十万阅读量，在短时间内突破到百万甚至千万级别，进而真正打造出一呼百应的现象级事件，这也是社群持续传播的目的。持续传播使社群获利触手可及。

 通过自己的媒体发布信息

曾经有网友调侃社群，过去一个月间市场上新建了 10 个社群，现在，8 个已经死掉，1 个成为广告群，1 个成为闲聊群。也就是说，仅存的两个也已经让"社群"变形走样，可见社群以及社群运营没那么简单，一不小心就处在半死不活的尴尬状态。

截至 2016 年 10 月，运营状态不错的社群并不多，比如，逻辑思维、吴晓波频道、童书出版妈妈三川玲等。各个社群的方向虽不同，但都是目前社群运营比较成功的案例，值得社群运营者借鉴和学习。综合这些成功社群的共同点可以确定，它们都注重媒体的自我宣传，特别是通过自己的媒体发布信息，吸引粉丝，注重与粉丝的互动与交流。

一个社群在线上要有自己的宣传入口，让粉丝和用户能够直接接触到社群，这也是社群长生的重要基础，自我宣传推广就是重要的方式，比如，通过微信群、QQ 群等。在群内可以让成员讨论也可以采取禁言模式，主要类型根据实际需求确定。进群要求可对进群成员设定门槛，以实现自动筛选，避免不符合条件的人混进社群中，扰乱正常秩序和社群规范性。

每个社群都有自我宣传、自我传播的需求，直接目的是让更多的人知道了解该社群，宣传传播的渠道也是根据社群本身的特点决定的。如图 2-6 所示为社群搭建媒体平台要考虑的因素。

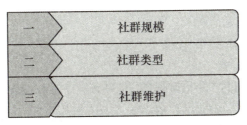

图 2-6　社群搭建媒体平台要考虑的因素

1. 社群规模

如果按规模化标准衡量社群媒体，那么规模越大的社群越有必要搭建自己的社群媒体平台，但也不是绝对的，有些初创型社群也可以搭建专属的媒体平台。在这里，媒体平台不仅仅是微信群、QQ 群，也可以是另外一些宣传渠道，比如，贴吧、论坛等比较分散的传播区域。

2. 社群类型

这里说的社群类型主要是看社群有没有特殊的话题性，是否能够快速吸引大家的注意力。比如，最近非常火爆的网红行业，也是媒体和业界热衷讨论的对象。如果社群是与网红相关的行业，就可以吸引媒体记者关注该社群，扩大传播范围和级别。

3. 社群维护

前两项是考虑社群创建的问题，第三个因素是考虑社群的日常管理与维护的问题。比如，专人负责社群内的新闻报道、活动策划、成员沟通等问题，也可以适当发起话题，最好是配合当下热门事件。

选择话题最大的标准是共通性，即大家都能有感受，都有话可说，这样才可以既能调动成员的积极性，又能够避免大家闲聊，打乱社群媒体秩序。

当然，除了让大家发声，社群在自我宣传方面，倾向于自己主动传播。比如，社群内有重大事件时，可以经编辑整理后第一时间对外发布，抢占最佳传播源头。这样既能够保证社群新闻的权威性，又可以先于其他媒体发出报道。

借助其他媒体发布信息

2016 年 4 月 15 日，"今日排行榜"举办首届中国社群媒体大会，在大会上，演讲嘉宾之一的《中国企业家》杂志社主编何伊凡先生，向大家论述了社群运营讲好故事的重要性和切入点。社群运营只有自我传播还不够，还需要以讲故事的形式向外界输出更多更优质的内容。

从实际出发，再结合以上信息，我们可以推断出社群媒体运营要想做到持续性传播，还需要借助其他媒体发布信息，一篇微信软文可能自己的微信群只有十万级别的传播量，但是通过其他媒体平台可以扩展到百万，甚至千万级别，造成现象级的信息传递量，这样的社群你能拒绝吗？

事实也证明，当阅读或用户数量达到百万级别时，也是社群升级爆发的结点。比如，只用了 1 天时间，"精分体"系列短视频"Doctor 牛"就突破全网 500 万的收视大关，网友戏称，"Doctor 牛"与"Papi 酱"比肩，形成"北牛南酱"的现象级神话。

而"Doctor 牛"的真身是北京外国语大学国际商学院的院长牛华勇，院长亲自出马制作幽默短视频，惊呆众人，北外学子留言："被牛哥的反差萌实力圈粉。"短视频能够在极短时间内火爆网络，圈粉无数，Papi 酱的走红已经证明。也许未来网红与社群深度结合，会创造更多机会引领新一轮大众审美浪潮。

在社群媒体传播方面，社群运营可以借助其他优质媒体平台传播自身信息，实现裂变式传播。举个简单的例子，社群运营者打算推行一项公益项目的宣传计划，旨在解决贫困地区孩子上学难问题。主题已经确定，具体怎么实施，可以根据已有资料结合当地情况想办法，但如何扩展活动的传播范围，让更多人关注，以实际行动帮助解决实际问题才是重点。所以，这时就需要借助其他媒体平台扩大影响力，即驱动更多的人和平台主动为其传播。所以，社群运营者要考虑以下三个方面的问题，如图 2-7 所示。

1. 操作核心

以有趣、有意义为核心驱动力，搭建平台传播的关键支撑，人们往往会对有实际用途且有意思的事情产生兴趣。如果社群运营在操作上设置太多门槛，很容易会切断用户的传播链条。所以，有趣有意义是第一要件。

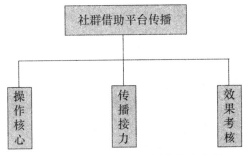

图 2-7　社群借助平台传播的注意事项

2. 传播接力

社群借助其他平台传播，其他平台也愿意为其推广。这是因为传播接力的成本低，效益高。利用种子用户、铁杆粉丝的主动协助，会使二次传播呈几何级数增长，引爆活动燃点。

3. 效果考核

社群运营者可以将传播效果以 KPI 考核的方式进行验收。比如，活动参与转化率、主动分享数、点赞量、回复概率等。既然是以打造活动热点为目标，肯定要对活动以及用户行为进行反馈总结，实现商业利益的同时，也激发更多符合条件的人加入社群，搭建更广阔更坚实的传播平台。

另外，社群在成长壮大的过程中，也可以借助其他媒体发布信息，扩大影响力，毕竟自己传播的能力和范围是有限的，与其他媒体平台合作，互惠共赢可以创造更高的价值。

第五节　有培训：单一方面成长

不同于单纯的闲聊群、广告群，社群是一个有共同目标的组织，群成员能够通过培训在社群体系内获得阶梯式成长，这也是社群能够长生的必备条件之一。只有让成员有所得、有所乐，才能保持社群活力。同时，社群培训包括两方面的内容，一是智慧性提升，二是技能性提升。本节将就这两点内容与大家

着重探讨社群的培训版块。

智慧提升

以学习型社群为例，社群内设置培训课程非常自然且必要，大家聚集到这个社群里就是要学习某些知识，获得智慧层面的提升。所以，这也是社群要建立以及持续长生的主要途径，即以培训为媒介，为成员提供价值输出。

社群要朝着这个方向发展，社群运营者就要制定相关的体系内容，保证成员能够在学习型社群中获得自己想要的，而且愿意主动成为内容分享者向外传播。既然是学习，社群运营者就要对成员加以区分，做到"人以群分"是社群正常运营的必要前提。

比如，在入群时，让大家填写必要的个人信息，包括职位、行业以及个人的发展方向等，还可以根据需要扩展到个人兴趣爱好、专长以及在职场中所遇到的困惑等问题。信息越详细越能够保证沟通的顺畅性和连贯性。

而班主任作为社群的大家长，要对成员信息保密，比如，可以在微信群昵称方面设置独有的个性化标签，既能掩盖过多的真实信息，也能让大家迅速熟悉起来，活跃气氛，同时，吸引更多人入群。

有了社群群基础以后，就需要推出优质内容，比如，成员在培训当中遇到疑惑，并在群内提出以后，大家可以相互解决，而不只是由社群意见领袖或创建者作为权威方提出标准答案。但是，在实际运营中，仅靠热情是解决不了全部问题的，还要配合相应的奖励机制，动员大家在培训过程中获得知识的同时，还乐意将所得"奉献"出来。

比如，社群每周评选一次优质内容分享排行榜，给予适当的物质激励，同时赋予精神层面的自豪感。比如，固定打赏、付费比例分成、群基金奖励等。同时，还要在学习型社群内培养为知识付费的理念，让成员了解，想要获得优质内容就需要付出。

群成员的入群费可以作为社群基金的来源，社群运营者要建立一套群基金使用方案，保证使用公开透明，奖励力度要能够起到有效刺激大家参与的作用。

社群要以稳定发展的结构集结成员，对成员形成核心向心力，同时，每个人都能获得对自己有价值的东西，包括物质层面的知识和精神层面的感觉，只有这样，社群才能持续存活，长久发展。

另外，为提高社群成员活跃度，增强社群生命力，社群运营者还要运作一些小技巧，如图 2-8 所示。

图 2-8　社群增强生命力的技巧

1. 社群生态圈

社群本身就是一个大广场，可以容纳很多有价值的内容，而这也符合互联网的本质特征，即包罗万象，价值升级。

比如，在学习型社群内，除了培训课程外，还可以在线上邀请行业大咖或者创业者讨论行业信息，为社群增值。甚至可以跨界合作，资源对接，形成社群生态圈，拓展延伸性价值。同时，也能让成员获得更多知识和"干货"，增强社群生命力。

2. 实用技巧

既然是社群培训，其内容就要尽可能触及所有成员，比如，分享实用的小技能，像秋叶 PPT 的三分钟学会一个 PPT 制作小技巧的培训课程，生动有趣。相比宏观复杂的事物，人的大脑对即时可用的小技巧可能更感兴趣。

3. 配合线下

智慧要融入生活才能显示其真正的魅力，社群可以将线上活动拓展到线下，让成员在面对面的交流中直观解决问题。交朋友、谈专业，甚至直接促成一笔生意或长期合作也有可能。这就是社群最真实的魅力。

社群工作是一项复杂但又可以即时复制的系统工程，社群运营者在正确大方向的指引下，要善于运用小技巧，提高社群活力。相比长期的遥远目标，短

期可见的小技巧更实用。

技能提升

社群要将实实在在的优质内容提供给成员，所以社群运营者要完成的任务非常多，而且做好不容易，只要输出的内容越详细其成功的可能性就越大。从技能层面来说，社群将实用技能教给成员，既是社群存在的动力，也是吸引成员的一大法宝。也就是，人们加入这个社群，确实可以收获干货，获得分享的愉悦。

移动互联网的存在和发展让网络成为传播现代文明的一大捷径，同时，意见领袖、行业 KOL、粉丝经济等这些鲜活存在的事物赋予社群独特的内涵和高效的经济变现能力。而回归到社群最现实的方面，就是加入社群，成员能从中学习到专业技能，而社群就是为提供服务而存在的。

同时，提供服务体现出社群的真实价值，其中服务的类型是多样的。比如，课程类社群，把握行业发展前沿动态，让成员学习行业知识，让粉丝们能够在社群中得到切实的成长；在广告类，社群生态圈中，打广告不再是让人厌烦的事情，而是可以引发粉丝们争抢购买的爆点；咨询服务类社群为成员提供专业咨询的服务，用社群的资源拓展成员眼界，提升其综合实力。

综上所述，社群存在的意义不仅是让成员学到技能性知识，还提供增值性服务，拉动社群整体发展态势。虽然社群可以为成员提供单纯性的技能培训，但一个优质社群不会将培训作为唯一目标。相反，优质社群是在运营过程中实现社群目的，同时"附带"着给成员培训。

但是，很多社群都将社群运营的最终目的归结为给成员提供培训服务，图 2-9 所示为社群技能培训的误区。

图 2-9　社群技能培训的误区

一　为培训而培训

二　收取会员费

三　销售培训产品

1. 为培训而培训

加入社群通常的理解是可习得某项专业技能，所以，很多社群运营者按照

这个思路运作和输出社群内容，林林总总的社群都是为培训而培训，包括知识分享、技能培训等，但其本质都是社群创建者自己头脑中的知识输出，不是真正意义上的社群培训。

2. 收取会员费

将收取会员费作为入群门槛有一定的道理和好处，但收费不是社群的唯一变现手段，现在很多社群却走入了这样的误区，即有人要加入社群必须先交会员费，才能享受各种成员"福利"。实际上，社群创建者将此作为开办社群的目的，后续的服务却无法兑现，只能不断地吸引新的成员才能为社群注入新鲜血液，这样的社群注定无法走远。

3. 销售培训产品

在培训过程中，要成员付费购买与培训体系相配套的产品，看起来无可厚非实则有害无益。将社群当作售卖渠道，社群创建者变现兜售自己的产品或服务，其实已经将社群带入纯电商卖货的误区。

如果单纯强调培训，培训型社群在变现方面确实具有天然的优势，但要将技能培训和知识分享模式很好地融入社群体系中，通过社群创建者和社群成员间的知识落差实现变现。这种以培训为主导的社群最好是某些专业化程度比较强的领域，比如，法律、医疗健康等。

第六节　有交易：让社群价值最大化

社群活动有交易才能盈利，继而才能获得可持续性发展，交易要按照一定的规则进行，否则会扰乱社群的市场环境，不利于社群的深入发展。另外，社群的交易版块还要增加渠道，创新社群商业交易类型。只有这样社群才能够在品牌、资源和生产方面有突破性进展，包括社群电商间的交易以及社群成员之间的交易。

 制定规则

社群能够存在和持续长生的动力是商业利益链条，其中，有交易行为发生

就是社群的必备条件之一，因为交易能够促使社群价值最大化，而在产生交易前，社群创建者或组织者要制定规则，保证社群的正常运转。

有条理的规则能够为社群的可持续发展提供制度体系保证，有助于交易发生，交易的存在又为社群的发展提供了物质保证。两者的良性循环让社群本身和社群成员都能受益。在交易产生前，大家要区分不同社群的商业交易模式，因为不同的商业模式决定了其交易发生的类型也有所不同，图2-10所示为社群商业交易的四种模式。

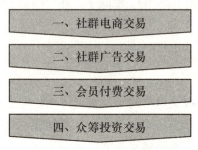

一、社群电商交易

二、社群广告交易

三、会员付费交易

四、众筹投资交易

图 2-10　社群商业交易的四种模式

1. 社群电商交易

社群电商交易模式是将社群作为一种媒介，将社群经营者和成员连接起来，在社群这个平台，以买卖双方的形式完成交易，简而言之，社群就是卖货。而这也成为许多人经营社群的主要动力和目标，包括此前运作得不错却尚未实现变现模式的社群，也在探索变现交易模式，如母婴社群、美妆社群等。

2. 社群广告交易

这是将社群作为一种广告投放渠道，把产品放置在社群平台上，供符合条件的成员购买，社群变身广告渠道用于交易，其前提是广告与社群定位相符合，产品能够得到用户认可，才能实现社群交易的正常运转。

目前还有一些社群直接将广告作为社群内容输出，广告内容与社群内容深度融合，让成员为其买单。比如罗辑思维。

3. 会员付费交易

用户想要入群，需要缴纳一定的会员费，这是社群商业交易比较直接简单

的模式，相对来说，社群群主比群成员要有天然优势。比如，这个社群是我开办的，你要进来必须得交"门票"，否则就"不带你玩"。

但是，从社群持续发展的角度讲，社群最好只是将收费作为简单筛选的门槛，而不是纯粹的变现手段。因为社群是有着共同目标和价值观的人聚合起来的一个圈子，如果人们认为入群本身就附带过高的收费门槛，势必会将某些有价值的潜在成员拒绝在门外，反而不利于社群成长。

4. 众筹投资交易

这个模式比较好理解，就是社群运营到一定阶段和程度，以众筹或项目投资的方式吸引投资方的注意力，对社群进行融资支持。一般来说，获得融资的社群都是状态良好、有上升发展趋势的社群，而这也是许多社群创建者想要达到的目的。获得投资方支持，社群就会有充足的资金复制扩大规模，形成现象级影响力。

总体来说，社群从内容到互动再到交易，是一个比较完整的过程，也是逐步实现社群运营与商业交易模式的互融与转换，衔接得当则赚得盆满钵满，运作失策则容易陷入不死不活的尴尬境地。

所以，社群创建者或运营者要在商业交易模式探索方面下大力气，对用于交易的产品与潜在用户进行精准对接，这样社群成员才会愿意为产品买单。

如果将产品或内容当作 1，社群是 0，那社群要先有产品才能有实际的意义，社群这个"0"不断添加内容才能持续扩展下去。而实现这个目标就需要对社群制定规则，保证其能健康持续发展下去。

 增加渠道

以现在的社群现状来看，已经有部分社群的商业交易模式取得了比较好的效果，如罗辑思维、吴晓波频道、小米、星巴克等。尽管社群和社群经济成为一大风口，但过度的纯商业交易，将变现作为主要目的的社群很可能会因为与成员利益相悖而偏离轨道，还会对目前刚刚发展起来的社群造成"环境污染"。

良好的社群商业交易模式是将人类经济行为作为基础支撑，积极探寻新的商业模式，才会使社群能够有大发展大突破的可能。因为普遍的商业变现模式

都是将社群与群成员剥离开来，将群成员作为获得商业价值的单纯付费者，以实现变现目的。而这与社群宣扬的自由平等、互利共赢有矛盾之处。

所以，从这个角度讲，社群运营者要转变思路，拓展交易渠道，将社群与社群成员真正融合起来，而不是处于对立的角度解决问题。以下是社群交易的新型渠道，如图 2-11 所示。

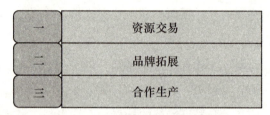

一	资源交易
二	品牌拓展
三	合作生产

图 2-11　社群商业交易的新型渠道

1. 资源交易

不同行业和社会身份的人都有自己的资源、人脉和知识，比如，资深的建筑工程师在建筑方面的认识和人脉资源，会比非建筑类的人要有天然优势。如果社群内集结了不同行业的人，就可以将这些不同背景的人组织起来，实现资源共享与交易。

社群成员在进行深度连接以后，资源交易也会随之进入一个更深入的层次，这就是社群的资源交易所隐含的巨大潜力，再加上一些社群网络在线工具作辅助，会大大加快资源交易的频率和效率，这就是社群内成员间的交易模式。

比如，中国商界高端社群——正和岛，就非常重视高端人脉的汇聚与价值的分享，将企业家们联合起来进行资源交易，进而产生巨大影响力。

2. 品牌拓展

社群本身就是品牌，而由社群衍生出的产品或服务也可以代表一个品牌，品牌拓展就是发动社群内成员的积极作用，让成员为自己拓展带有独特标识的社群内容，使用和宣传优质内容或服务，这就是社群商业交易的新型渠道之一。

而很多大咖自媒体的内容就是依靠铁杆粉丝们的自动传播在短时间内形成了网络热门事件，成员之所以愿意配合，是因为在社群内能够看到自己的影子，认为社群品牌可以代表自己为自己发声。

3. 合作生产

社群能够自动将有着共同偏好、相同价值观的人聚集在一起，集合完成以后，就需要社群成员合作生产，以产生更多有价值的东西。社群存在的本质就是将不同资源以同一个目标收集起来，再以内容、产品、服务为中介，实现更大价值。比如，在社群内制定规则，帮助成员间的资源合作与生产，也可以在社群间运用互补性开展合作。

社群交易离不开变现，因为变现是社群盈利的主要途径，而实现变现交易的前提是社群内的成员可以"互通有无"，社群间能够合作生产，在更深层次上实现更紧密的合作与共赢。

社群内的交易不同于单纯的商业的交换，更强调资源的有无调和，而这也是社群运营者在拓展和完善商业交易模式中要注意的地方。

第 3 章

垂直定位：类型模块化，成员画像化

↘ 第一节 对标分析：剖析五大主流垂直社群

↘ 第二节 做熟不做生，找准自身社群定位

社群的定位是关系到社群运营和后期发展的重要问题，只有站好了队，接下来的活动才能顺利开展。从目前来看，社群在垂直定位方面共有五大主流垂直方向，分别是产品型、兴趣型、品牌型、组织型和工具型，五大模式各有优点，社群创建者可以根据实际情况进行选择。创建者选择好社群的垂直定位以后，就要在成员特征、创建者优势资源、活动形式等方面进行明确定位。

第一节　对标分析：剖析五大主流垂直社群

影响社群成功的关键性因素是其定位是否准确。所以，社群创建者要在前期对社群进行垂直定位，确定类型，为成员"画像"。以保证社群能够精准对标用户，以便进一步探索社群运作模式，获得商业盈利的成功。这部分内容主要就是对标分析，以五大主流垂直社群为蓝本，对标本社群的定位类型，以便开展接下来的工作。因此，社群定位是至关重要的一步，社群创建者要全面统筹，总体把握。

产品型：颠覆传统商业，进化组织形态与产品

以产品为据点，延伸出更多的情感价值，这就是移动互联网时代下的社群思维定位，产品型社群是区别于家庭、公司之外的另一种新型连接方式。虽然产品型定位不是社群最重要的模式，但却已经有成功案例，其颠覆了传统商业，使组织形态与产品得到进化。

著名的科幻小说《三体》中曾提出"降维打击"的概念，就是高维文明可以轻而易举地打败低维文明。比如，人作为三维立体生物，可以很容易撕毁一张近乎二维平面的纸，而纸却没有任何反击能力，这就是最常见的"降维打击"。

在过去的传统工业中，产品在到达消费者手中前要经历重重关卡，各级经销商会层层剥利，产品价格也会居高不下，而在互联网环境下，电商可以在线消灭时空差距，降低产品、库存、管理等企业经营过程中所需涉及的各个领域的维度，这也是为什么电商能够给传统商业带来沉重打击的原因。在这个层面上，电商必然会颠覆传统商业，其组织形态也会产生革命性的变化。

互联网时代商业链条简化降维以后，什么成为最重要的维度？答案就是产品。而社群能够赋予产品使用价值以外的价值，那就是依附在产品本身的情感性价值。

比如，腾讯系产品，以 QQ 为火车头，附载一系列产品，QQ 空间、QQ 群、QQ 游戏等，时间也给了 QQ 独特的情感价值。所以，QQ 也成为众多 80 后、90 后的青春记忆，这就是产品型情感价值。

如果剔除冗余，单纯从产品着手，社群运营者也有许多事情要做，因为产品型社群定位注定要用极致的精神打造产品，赋予产品情怀价值。产品型社群的产品特点呢？如图 3-1 所示。

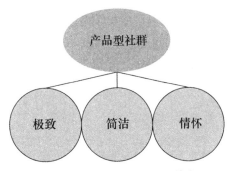

图 3-1 产品型社群的产品特点

1. 极致

从商业角度讲，买家与卖家之间唯一的连接点就是产品，用极致精神打造产品，用简约的审美衡量设计，最终的产品注定是与众不同令人尖叫的。比如，雷军对待小米产品的态度，就可以用极致来形容。

小米的黎万强在《参与感》一书中附有一张海报，密密麻麻的"改"字足以体现出小米对产品的严苛程度。对产品细节的把握可以看出领导者对产品的情感与态度，当然也能让粉丝们为之尖叫。

2. 简洁

极致与简洁是赢得客户的两大法宝，如果将这两个元素与产品完美结合起来，必定是高品质的产品，还要去除所有不必要的东西，只留下核心关键部分。同时，注重用户体验，从用户的角度思考问题，才能让产品更加符合用户需求。

3. 情怀

在过去，产品与品牌挂钩，而今天，产品要与情怀匹配。有了情怀的产品，才能有灵魂，才会让粉丝心甘情愿买单。

比如，罗永浩的锤子手机，曾是英语教师的罗永浩集结了众多资源，打造了一款具有工匠精神的手机，这本身就与商业世界中追求速度与盈利的大背景格格不入，而正是这种格格不入，反而赋予了锤子手机一种独特的情怀，使得粉丝愿意为这款小众手机买单。

产品型社群是五大主流垂直社群中的第一类，也是最直观的一种类型，即以产品为核心，用极致与简洁为产品注入一种情怀，而产品的缔造者往往自身就有独特的情怀，这就是产品型社群的鲜明特点。

在这个产品特征被人格化的时代，产品不仅仅是产品，更是会说话的中间人，连接了买家与卖家，这也符合市场经济条件下的商业运作规律。

兴趣型：基于共同的爱好，建立社群新模式

兴趣型社群，顾名思义，就是以兴趣图谱为主要原则创建的圈子。在互联网以及移动互联网条件下，人可以突破时空限制，将有着共同兴趣爱好的人集合在一起，同时，可以满足个性化、差异化的需求。比如，美食类社群——大众点评、科技媒体型社群——36氪等，都是依据个性鲜明的差异化而生存的社群。

当有人或组织对某个兴趣爱好点非常熟悉，能够解答网友提问，还可以适当给出未来发展趋势时，创建社群的基础就有了。比如，钓鱼社群以斗鱼、花椒等为直播 APP 网络平台，聚集一群钓鱼爱好者，分享心得，组织线下活动，甚至启发思维，在更深层次上沟通交流，产生多种价值。在这个意义上，兴趣型社群更容易产生网红，发展网红经济。

即使一些小众化兴趣，也能够在社群找到同类成员，满足独特的需求，表达细腻情感，个人兴趣在社群平台通过沟通参与得到共鸣，而兴趣型社群因为有着共同的目标和价值观而有可能触发隐含的商业价值，具有无限的想象空间，比如，母婴类社群、户外论坛等。

兴趣型社群的定位比较简单，就是以某种或某类兴趣爱好为核心，将一群人聚集起来。

比如，90 后群体的消费需求非常明显，带有个性化标签，有的人喜欢机车，有的人喜欢创意酷玩，有的人喜欢户外旅行等。而兴趣型社群就是负责将具有共同兴趣的群成员圈起来，打造一个高度融合的专属部落。

依据兴趣爱好搭建起来的社群，想要更好地存在下去，就要以社群成员的真实需求为出发点，将社群活动与社群成员紧密结合起来。所以，兴趣型社群需要满足社群成员的差异化需求，可以从以下三个方面入手，如图 3-2 所示。

| 线上+线下 | 创意活动 | 兴趣部落 |

图 3-2　兴趣型社群定位需要满足的三个方面

1. 线上+线下

既然是兴趣型社群，就需要强化"线上+线下"的沟通融合。比如，在社交领域 APP 平台开展线上活动，进而向更深层次的垂直领域发展。还可以增加美食共享、同城活动、购物分享等社交功能。这些活动本身就带有线下活动的优势，社群运营者可以顺势将线上创意延伸到线下实施。

2. 创意活动

仅仅有活动还不行，兴趣型的社群定位决定了社群要以兴趣为核心，只有衍生出更多更好玩的创意活动，才能吸引社群成员，增强成员对社群的黏性，提高社群忠诚度。如果是一个全国范围内的兴趣型社群，可以以城市为区域划分，联动举办创意活动，增强社群品牌影响力。

3. 兴趣部落

一个大的兴趣社群要将活动内容做得更细致，往往需要在内部细分出多个小众化兴趣区域块，所以，社群运营者可以在社群中建立独特的专属领域兴趣部落。比如，可以在兴趣型社群中组建多个兴趣部落，奖励达人级社群成员分享资深经验，活跃部落气氛。

社群垂直定位的问题是确定社群基本走向的方向性问题，社群创建者在战略前期就要规划好，而兴趣型社群的优势是兴趣为核心，大家一起玩，相比其他社群类型，更倾向于创意和好玩，有利于吸引社群成员，增强社群生命活力。

品牌型：以忠诚度为目的，以社群营销为核心

品牌型社群，顾名思义，就是以忠诚度为目的，以社群营销为核心，搭建符合社群自身特点的运营模式和表现平台。专注于品牌型的社群注重在整体营销背景下的个性化、差异化的战略理念。

比如，小米的品牌营销模式，就是建立在以小米产品和粉丝为核心的社群基础上，然后拓展到整个小米品牌。同时，出色的米粉社群运营也为社群的销售工作提供了便利，甚至强调参与感的小米还让用户直接介入产品研发。

综合来说，品牌型社群就是将有着趋同意识的消费者和社群创建者联合起来，构成区别于其他品牌概念的特殊群体组织，其核心特点是对特定品牌的忠诚度非常高。

社群运营者要始终明确品牌型社群能够聚集一群人，并且有着强大向心力作用的原因，只有明白了根源问题，才能够在运营过程中有的放矢，把握自如。

基于品牌的垂直定位社群要明确可以带给社群成员哪些干货，另外，品牌型社群要具备以下四个基因，如图3-3所示。

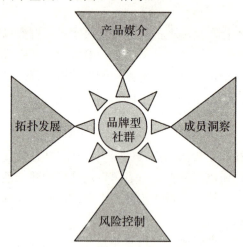

图3-3　品牌型社群的三大基因

1. 产品媒介

品牌型社群是以产品为代表的品牌营销，也就是说，社群成员要能够真实感受到产品才能对该社群产品产生初步的信任感。同时，社群运营者还需要赋予产品特定的品牌内涵、品牌故事以及文化积淀，相反，空洞无趣的社群不可能持续吸引社群成员，更不要说长久地活跃下去了。

所以，品牌型社群首先要由产品为媒介，沟通社群创建者和社群成员，这样才能刺激成员加入，当然动力可能会因社群而有所区别，可以是娱乐元素驱动，也可以是社交驱动或经济关系链条等。

2. 成员洞察

社群创建者在明晰品牌社群的垂直定位以后，就需要对社群成员端进行全方位考察。比如，在社群内建立一套完善机制，保证社群成员能够接触到社群创建者或社群运营者，增强参与感，洞察社群成员对社群深层次的需求，也便于掌握市场最新动态。

同时，要对优秀的社群成员给予适当的奖励，活跃品牌社群氛围，当然，这种奖励要围绕品牌开展，可以延伸也可以深入拓展。但最终都要以社群和成员的互惠共赢为目标。

3. 风险控制

品牌型社群往往都是一系列产品和铁杆粉丝的聚集区域，社群运营者要保证一旦出现负面事件，能及时控制局面。因为一个品牌的建立需要很长时间，但毁灭却只需一瞬间。所以，社群创建者要及时监测社群内外的潜在风险动态，当品牌出现问题时，要在第一时间做出反应，快速定位核心问题并推出应急方案。

4. 拓扑发展

一线明星的铁杆粉丝可能只有两三万人，但正是这数量不多的粉丝群支撑起了明星的整个品牌体系。运用移动互联网快速传播的优势，这数万个结点可以无限拓扑发展，影响更多的人，即使不是其粉丝也可以形成规模效应，知名度和影响力当然会越来越强。

而品牌型社群也要借助这点优势，以点带面，促进社群全方位发展，同时，紧密联系种子用户和铁杆粉丝，运用拓扑式方式进行无限延展。

从以上品牌型社群的天然基因中可以看出，品牌型社群的核心点还是平台、用户和组织者，通过社群运营者的全方位规划可以将品牌型社群打造成高忠诚度、高黏合性的用户群体。

组织型：以知识为导向，进行模式创新

2015 年两会期间，李克强总理在政府工作报告中明确提出"大众创业、万众创新"，"双创"概念的提出预示着国内将形成一股新的创业浪潮。虽然"双创"存在一定程度的风险，但是从总体来说，符合当下国民经济的特点："互联网+"发展势头正旺，创业成本相对较低，很多大学生成为创业范例。创业不是单纯的口号，而是需要创业者脚踏实地做出业绩的。

从社群为切入点来说，创建社群也是一种创业，因为目前国内并没有形成社群建设的成套经验，除了极个别的社群非常成功外，其他各种类型的社群也都在探索试验期，有成功也有失败。本小节将以社群的第三种类型为例解读组织型社群的建设。

组织型社群的最大特点是以知识为导向进行模式创新。比如碳 9 学社，碳 9 学社是由真格基金合伙人之一的冯新以及部分创业者共同发起创立的，"碳 9"的谐音是"探究"，寓意"探究式学习"。简单来说，碳 9 学社是一个专注于为创业者服务的学习组织型社群，通过不断学习为创业者提供创业所需的知识储备和社交资源。

知识需要学习与消化才能成为自己的东西，在传统的老师教授模式下，在这个单向传递的过程中学生处于被动接受状态，学习效率有限。而主动学习则不同，知识在输出过程中进行了内部的消化吸收，或者是直接拿过来教授他人，完成了学习、输出的双向互动。

碳 9 学社进行学习创新，完成学习组织型社群目标，可以分为以下三个层次，如图 3-4 所示。

图 3-4　碳 9 学社社群的三个层次

1. 学习与社交

碳粉们（碳 9 社群的粉丝名称）在碳 9 社群学习的过程中，能体会快速学习和新知识带来的强烈冲击感。碳粉除了要完成作业外，还需要将快速学习的能力嫁接到社交过程中。比如，线下活动与线上活动提高曝光度，频繁刷存在感，加深在碳粉学员们心目中的印象。

2. 领导与经验

领导力这项能力无论是在社群学习过程中，还是在创业过程中，都非常重要。比如，在碳 9 学社社群的内部进行小团队建设，吸引新的碳粉，组建团队，进而使创业者成长为合格的队长、学委或社群领袖。

经验是在不断地实践过程中积累刷新的，碳 9 学社正课竞技制的模式能够为有着类似价值观、相同兴趣偏好的成员提供平台，搭建有特色的碳粉群体。在这个过程中，组织创业或社群的经验也会与日俱增。

3. 实现创新

碳 9 学社本身就是学习组织型社群，所以，在学习能力、社交能力的学习与提高基础上，也会增加社群影响力。比如，通过社群内的每期正课能够产生一个冠军队，这种竞技式社群也是实现创新、为学员带来成长的过程。

组织型社群是以知识为导向进行模式创新，碳 9 学社就是这样的典型案例。碳 9 学社的研究重点与互联网创新创业有关，旨在打造有特色的创业方法论，为众多创业者提供学习成长的平台。

工具型：以工作为核心，进行系统性学习

同学聚会时，大家拿着自己的手机很自然地扮演低头一族，这时，班长发话，"来来来，大家都打开手机微信，我建个微信群，以后有什么事情可以直接在群里说，方便联系嘛。"随后，大家陆续进群。

这就是一个简单的工具型社群雏形，当然要成为真正的社群形态，还需要有一系列的制度和运营体系。但是，同学聚会创建微信群的事例在生活中非常常见，这也说明工具型社群具有诸多优点。比如，方便灵活、可嵌入多个场景、应用性非常强等。工具型社群可以完全满足用户在制定或模拟场景下的沟通需求。

比如，以学习经济学知识或 PS 技术为目的的社群就是工具型社群，其是以工作为核心导向进行系统性的学习。总之，以知识转换为主，以社群平台为落脚点是工具型社群的主要特色之一。

如果社群创建者在社群设想初期打算走工具型社群路线，就需要考虑以下三个问题，如图 3-5 所示。

图 3-5　工具型社群的三大问题

1. 社群运营

社群运营是工具型社群的战略性问题，比如，当只创建了一个社群时，管理会比较方便，但数量增多以后呢？在工具型社群内，如何调动社群成员的持久学习动力呢？毕竟单纯的学习是件枯燥的事。是否要切断一切群内闲聊的途径？社群运营过程中必然会遇到方方面面的问题，这时就需要社群运营者全方位把握社群相关问题，提前制定好应对方案。

2. 信息沟通

大家之所以选择进入工具型社群，是以工作为核心，是为了提升职场综合能力的，所以，社群间的成员们可能会有类似的疑惑或需求，如何打通社群成员的信息交流屏障是个非常严肃的问题。

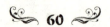

而仅仅通过微信群等进行交流，探讨很难深入，还会有其他社群成员产生
干扰性影响或妨碍成员进行沟通。所以，社群运营者为了解决好信息沟通问题，
建立一个高效的信息沟通模式非常必要。

3. 奖励机制

相对于兴趣型社群，工具型社群略显枯燥，要想增添学习动力，就需要有
相应的奖励机制，激发社群成员持续的学习动力。当然，也不能仅是靠社群内
的优质成员的知识输出与共享，还需要拓展更有激励作用的奖励体系，针对优
质内容提供者、社群活动组织者、参与成员等，给予不同的奖励，进而为工具
型社群注入持久动力。

在互动中奉献知识盈余，在参与中增强社群凝聚力，这才是工具型社群能
够长久保持生命力的重要因素之一。

工具型社群突出学习要素，在社群内，大家可以接受系统性培训，可以在
专业领域进行深层次钻研。比如，专门针对 PS 技术的社群，汇聚一群想学 PS
的人、精通 PS 的专业达人，在知识互动中找到各自的价值。

第二节　做熟不做生，找准自身社群定位

社群定位除了对标分析外，还要给社群成员集体"画像"，从年龄、性别、
职业等具体条件着手，尽可能完善目标受众的详细信息。找好目标以后就要挖
掘自身的资源特长，从最熟悉最擅长的地方做起，为社群成员提供有趣、有料、
有味道的优质内容。"线上+线下"相结合的方式丰富社群活动形式，本节将以
"三个爸爸"为例，分析精准的社群定位对社群运作的益处。

社群画像：年龄+性别+职业+爱好

对于社群画像（Persona）的概念，简单来说，就是借助有效工具对社群成
员进行精准分析，从而描述用户行为，指导社群运营。我们首先要了解用户行
为，为用户勾勒出精准画像，才能获得其偏好和行为习惯。

被誉为"交互设计之父"的 Alan Cooper 最早提出用户画像的概念："Personas

area concrete representation of target users."用户画像要从真实的用户行为中抽象出来，构成典型用户模型，再收集与分析消费者的社会属性、生活习惯、消费行为等主要信息，其目的是了解产品能够为哪些目标受众服务，以帮助经营者掌握更多与用户相关的消费决策信息，指导产品的研发和市场营销工作。

从用户画像的概念中可以看出，社群经营者需要给社群成员贴标签，通过跟踪所贴标签和用户行为是否一致，进而高度精准地描述特定人群。在给用户画像的过程中，需要了解的内容包括年龄、性别、职业、爱好以及其他可以代表用户身份的信息。

通过贴标签行为可以为数据整合提供基础依据。用户的信息了解得越细致，相应地用户画像就会越精准。

比如，社群用户来自哪里？有什么内在爱好和行为偏好？社会职业是什么？在哪个地域？活动范围是多少？允许这个用户加入会给社群带来哪些好处？社群又能够给成员带来哪些互利性利益？研究好这些问题是找准自身社群定位的首要条件，因为社群运营者必须要知道是在给谁画像，画什么像，为什么画这个像，画像的分类和预期结果是怎么样的。这样才能给社群进行精准的定位，方向走对了在后期才能真正快速成长起来。

在分析用户行为方面，社群运营者需要借助大数据研究社群用户的行为偏好和行为习惯，主要有以下五个步骤，如图3-6所示。

1. 用户信息收集

收集用户行为信息是研究社群用户画像的第一步，其信息内容包括用户基础信息，如性别、年龄、职业、爱好、地域等，这些行为可以借助大数据实现为用户的关键信息画像的目标。同时，还要添加人工辅助画像，补足用户行为在精细场景下的分析结果。

2. 数据信息梳理

有了海量用户数据基础，社群运营者就需要对数据进行梳理，筛选掉不符合条件的用户，同时，在初步梳理的基础上归纳整理更多的细节问题，以使得社群工作能够进一步协调认识。比如，大数据结果显示，在某个特定区域内，21点到0点在刷微博的用户数量明显增长，下一步就需要梳理用户的行为信息：在微博上关注哪类信息；主动回复和评论的有哪些；比例是多少；与社群内容

相关的有什么。这些问题都需要社群运营者在数据信息的基础上，进一步进行
梳理。

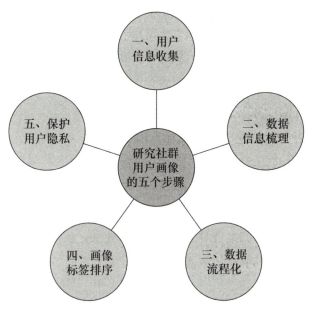

图 3-6　研究社群用户画像的五个步骤

3. 数据流程化

数据流程化主要用于设定用户画像的模板，目的是要将这些精细化数据真
正用在画像方面，比如，用户可以有多个行为偏好，应用什么样的流程筛选出
来，哪些可以删去，哪些可以保留。将数据流程化可以为绘制用户画像提供方
便。比如，针对妈妈社群，就可以将地域这个标签省去或放在次要位置，因为
妈妈社群需要的是妈妈和宝宝们的用户数据，与地域没有太大关系。

4. 画像标签排序

每个社群都有各自的目的和愿景，因此用户画像以及用户标签都有差异性，
社群运营者要将数据得出的画像标签进行排序，重要的在前，次要的在后。

5. 保护用户隐私

社群对用户进行画像描述是为了给社群设定更准确的运营方向和目标，但

社群创建者要注意保护用户的隐私，合理、合法地收集、使用用户个人信息，不得将私人信息以商业目的出售给第三方使用。

这一步既是注意事项，也是社群运营者该遵守的职业道德。

用户行为数据或者给用户画像是为了更好地把握用户行为，为社群战略决策提供更准确的信息。除了年龄、爱好、职业等静态数据外，社群运营者还要重视用户的动态信息数据，比如，最近一个月是否有网购行为，浏览、搜索了哪些商品，微信朋友圈和微博都有哪些方面的动态等，综合把握社群用户画像，才能做出更准确的社群定位。

找出自己的资源特长

在五大主流垂直社群格局中，社群创建者找到合适的社群定位后，就需要细化定位元素，进一步找准自身的社群定位。比如，依据自己的资源和特长，做熟不做生。这样，社群成功的概率会增加不少。

搭建运营社群是情商与智商并重的高难度运作，绝大多数人适合在社群中存在，但却不一定适合成为社群创建者，自己独自领导一个社群。有点类似于现在的创业，大家都在谈创业，但真正能够成功的却少之又少。

其实，把一件自己并不熟悉甚至不擅长的事情，做得成功漂亮，最好的捷径就是从自己最擅长的地方着手。社群创建者也要有这样的思考，比如，酷爱音乐，想集结一些热爱音乐的人，这就是一个目标定位。如何下手？就要从自己的资源特长出发。

从组织关系上来看，无论是小到十几人的团队组合，还是大到百万甚至千万级别的国际机构集团，人们之所以能够聚集起来，都是因为有着共同的目标、关系或性质，而且这种共同的方面能够通过互联网进一步获得加强。

而创建和运营社群也是这个道理，所以，社群创建者要从自己最擅长的领域着手，但是社群创建者要明白，即使从自己的资源优势出发，当社群不断扩展，到达一定规模以后，资源庞大却分散，管理层级明确却耗费资源，就需要社群创建者具有统筹全局的意识和能力。

所以，社群创建者在面对这些问题时，还是要从资源着手，解决根本性问题。接下来，为大家介绍下社群创建者如何正确运用资源的三个入手点，

如图 3-7 所示。

一	内部社群资源梳理
二	外部社群资源联合
三	加强稳固人脉资源

图 3-7　社群创建者如何运用资源的入手点

1. 内部社群资源梳理

社群能够吸引一些人加入，就是其自身的魅力所在，这种魅力也是一种资源，所以，社群运营者要将社群内的资源进行梳理，将社群文化底蕴传递给社群成员，同时，促进社群成员的双向沟通和交流。在社群内部首先搭建资源体系结构，社群成员才能在这个结构内自由组合，产生不可想象的创意思维。

2. 外部社群资源联合

社群本身由价值观或目标的一致性而吸引社群成员加入，这是一种资源运用，而从外部来说，社群也要擅长加强与外围社群的沟通，将内部资源准确对接外部端口，互惠共通，才能产生更多的商业价值。结识社群外成员，获得更多资源优势，这样也有利于激发社群成员的活跃度和积极性。

3. 加强稳固人脉资源

很多时候，社群内的资源更倾向于人脉资源，有了人脉资源，社群的运营和持久就会有很大动力，其创新发展的源泉也有了保证。比如，在社群内，大家通过社群创建者的组织而汇聚到一个线上活动中，彼此认识，扩大人脉资源圈，这也是职场人士都愿意建立和维护的关系网。

对社群创建者来说，自己本身的资源是有限的，在初期可以运用本身资源构建社群基础，但在后期却可以通过社群体制去激发更多的潜在资源，这才是社群精准定位的有益方法。

价值提供：有趣、有料、有味道

现在，越来越多的人会加入不同类型的社群，彼此陌生的成员，通过社群平台汇聚起来，为什么？因为大家信任社群，社群本身具有一定的公信力，社群创建者本身有人格魅力和知识时差，能够给社群成员带来不一样的价值。

但是，当下的社群形态也是参差不齐，有的社群在线上是以微信群里的闲聊、发红包为主，线下基本没有任何互动。加入这样的社群，当然没有太多意义，碎片化时代，人们的时间非常宝贵，没有价值的东西不值得耗费精力。所以，就有很多伪社群，刚开始一派红火，后期越来越淡泊，最后无人发话，创建者也无能为力。

真正的社群要给社群成员提供真正的价值，当然，在这里"价值"的体现方式有三个特征：有趣、有料、有味道，如图 3-8 所示。

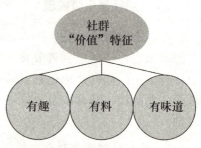

图 3-8　社群"价值"的三个特征

1. 有趣

在这里的"有趣"偏向于社群的基调，相比死板严肃的教科书似的说教，大家还是喜欢诙谐幽默的调侃，而这也是社群的定位基调之一。

2. 有料

基调有了，接下来就是为社群成员提供内容，好的社群能够为成员提供优质内容，既能分享干货，又可以有兴趣听下去，读进去。

3. 有味道

最后一项特征，也是区别优质社群和一般社群的重要标准，在有味道的社群，成员能够透过表层看到深层次的东西，受到启发，思考问题。

能够做到这三点才是真正的有价值的社群，为社群成员提供有趣、有料、有味道的优质内容是社群存在的最重要的本质性意义，而社群创建者就需要以

此为切入点，输出优质内容，吸引潜在的用户加入社群，而这也是社群定位的理念之一。

例如，中国大型的互联网知识社群——罗辑思维，就是目前运营比较成功、价值输出完整的社群。罗辑思维社群体系下包括微信公众订阅号、知识类脱口秀视频及音频、会员体系、微商城、百度贴吧、微信群等，社群成员可以通过以上渠道了解和认识罗辑思维。社群的核心领导者是罗振宇，也是自媒体视频脱口秀《罗辑思维》的主讲人。

罗振宇在《罗辑思维》一书中将其口号定为"有种、有趣、有料"，旨在做大家"身边的读书人"，以"爱智求真"的价值观引导当下年轻人。事实上，罗辑思维也获得了相当不错的商业收益，2015 年 10 月 20 日，罗辑思维正式对外宣布完成 B 轮融资，估值 13.2 亿人民币，同期，罗辑思维视频节目播放量超过2.9 亿人次，微信订阅号用户突破 530 万人。

从罗辑思维的成功可以看出，社群运营能够成功以及取到多好的成绩，非常关键的一点就是社群能够给用户提供什么样的价值，而同时具备"有趣、有料、有味道"三项特征的才是用户真正想加入的社群。

活动形式：线上 OR 线下

众所周知，社群经济正在重塑或发展新的经济形态秩序，而以社群经济为代表的新兴经济时代已经或即将来临，除去那些官方学术性论调，大家可能最关心的还是如何运营社群的问题。

由中国领先的社群营销解决方案提供商 Group+公布的《2015 年中国社群排行榜》结果显示，入围上榜的 30 个社群都是目前国内比较成熟的社群部落，其中，按照社群属性可分为 9 类，分别是知识社群、创业社群、商业社群、亲子社群、校友社群、空间社群、旅游社群、职场社群和戏剧社群。

以职场社群类社群为例，广东省营养师协会榜上有名。广东省营养师协会是行业内的非营利性协会，以协助营养师和营养企业事业发展为宗旨。在活动方面，协会运用 Group+平台的免费短信，在会前群发短信通知，以保证人员到场率。

看似简单的细节却突出信息爆炸时代，人们对提醒类信息的关注度需求有所上升。也许今天晚上有件事情待办，但由于无人提醒自己也就忘记了，等想起来时，已经是第二天早上。虽然智能手机有各项记事本功能，但一条短信提醒却更易记忆。

从这点可以启示社群运营者，社群活动如何开展，细节怎样把握，也是影响社群活动成功与否的关键因素之一。而社群活动从类别上又可以分为两大内容：线上和线下。如何把握好活动比例和侧重点，取得良好的社群营销效果，是社群运营者最头疼的问题，接下来，为大家详细解读以社群线上和线下活动，如图 3-9 所示。

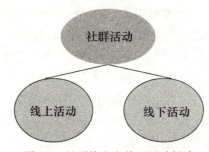

图 3-9　社群线上和线下活动解读

1. 线上活动

社群线上活动可以以内容分享为主，主要是因为线上直接分享成本低、快捷高效、便于传播，而且也是社群输出价值、与社群成员互动的主要途径。线上活动也可以根据主题分为不同的方式。

比如，社群内的大咖就可以将活动主题定为"大咖分享"，定期定时邀请知名人士或公众意见领袖分享自己的知识经验，同时，在特定时段内允许大家补充自己的看法，但不能随意插话。当然，对分享内容最好是分享者自己擅长的领域，有独到见解，能够启发思考，总之，质量要上乘。

虽然过高的专业性可能会使一部分社群成员失去学习分享的兴趣，但社群要从整体格局考虑，如果只是提供一些水平一般、没有太多价值输出的分享内容，势必会影响社群的整体战略。

2. 线下活动

不同于线上的社群活动，线下活动则以互动交流为主，增强社群成员的参与感。当然社群类型不同，线下活动的方式和内容也会有差异，在此简单列举一般线下活动的要点。线下活动要让社群成员有一种归属感和参与感，认为自己是社群的一分子，自己能够为社群做出真正的贡献，同时，也能够获得自身的价值认同。

比如，同城聚会、户外攀爬友谊赛等，将线上形成的陌生人的关系转移到线下，进一步增强社群成员之间的连接，形成强关系。

社群活动的形式大致可分为线上和线下，而社群运营者需要打通线上线下的闭环，而不是分离线上线下活动。社群活动的根本目的是通过线上线下活动能够全方位激发社群成员的热情，巩固向心力，形成更加一致的认同感，进而增强参与感和归属感。

"三个爸爸"是如何定位社群的

"三个爸爸"是专注儿童健康的空气净化品牌，公司全称是三个爸爸家庭智能环境科技（北京）有限公司，"三个爸爸"联合创始人是戴赛鹰、陈海滨和宋亚南，戴赛鹰任 CEO。

"三个爸爸"的美好愿望是"给孩子提供更加安全、放心的空气"，专注为孕妇和儿童研制高品质的空气净化器。而在 2016 年 10 月，"三个爸爸"成为全国第一个"学校幼儿园专用家具产品及材料"的空气净化品牌，并获得国家权威部门认可。

2014 年 9 月，"三个爸爸"儿童净化器在京东众筹创下国内首个千万级众筹记录，可以说尚未问世，"三个爸爸"已经赚足了大家的注意力。其实产品众筹就是预售，给消费者们"放话"，我要做个产品，现在处于众筹阶段，能不能问市还要看众筹的结果。CEO 戴赛鹰也表示，众筹本身就是"惊险"一跃。

最终，"三个爸爸"在 30 天内创千万级别的众筹记录，而且还在预定期限内完成量产。在运营初期，就已经积累 35 000 多用户，其中很大比例已经转化为忠实粉丝。直到后来，"三个爸爸"在市场的良好表现也显示了社群经济的强大后劲。

总体来说，"三个爸爸"能够成功，是因为其在社群定位方面的准确把握，如图 3-10 所示。

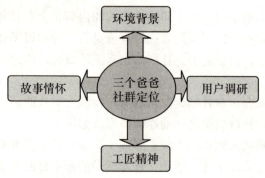

图 3-10 三个爸爸的社群定位

1. 环境背景

不可否认，现在空气污染和重度雾霾时时侵袭大众，大家对空气净化器的需求也日益增加，但是，市场上针对儿童的空气净化器产品并不多。起初 CEO 戴赛鹰想给自己的孩子买台空气净化器，但是总没有满意的产品。空气污染加上没有中意的产品，也是"三个爸爸"产生的直接原因。

2. 用户调研

有了背景环境影响，"三个爸爸"的用户调研就成为大问题，空气净化器给什么样的人群使用？消费者有什么痛点？技术方面有哪些瓶颈？担任过婷美集团营销总监、心理学硕士出身的 CEO 戴赛鹰认为，要将用户参与感融入用户调研中。

于是，四位合伙人（后来有人退出成为三个创始人）通过微信群等方式调查潜在消费者对空气净化器的痛点，整理出用户对产品需求的第一手资料。这样做的好处也是让用户对产品产生了天然的信任感，如此注重用户体验的产品肯定错不了。

3. 工匠精神

在物质极大丰富的时代，消费者不缺乏选择，而缺乏有理由的选择，所以，能够打动用户的必须是融入工匠精神的极致产品，再加上"三个爸爸""用偏执狂的精神为孩子做最好的产品"独特的"爸爸精神"，消费者当然愿意买单。

"三个爸爸"产品配备空气质量检测设置，引入 $PM_{2.5}$ 检测平台，可直接

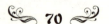

显示数值，净化效果由第三方平台验证，用户还能用手机 APP 实时观察室内空气变化。贴心设计、完美实力，使"三个爸爸"空气净化器成为守护儿童呼吸健康的实力担当。

4. 故事情怀

"三个爸爸"的产品品质过硬的同时，还在社群定位中特别加入故事情怀元素，让爸爸级用户给孩子最好的产品。戴赛鹰团队也特别擅长在社群里和用户打感情牌，情感是附加在产品之上的高出产品本身的价值观念，也是用户愿意买单的重要心理元素。

"三个爸爸"本身就是初创型企业的典范，用一款极致的产品再迎合一个打动人心的商业故事，社群当然会成功。戴赛鹰说："我觉得玩社群营销，首先不是营销，而是人与人之间的关系。"而情感正是连接人与人关系的天然纽带。

社群最终靠的是人与人之间的关系波动，强关系打造成功的社群，而三个爸爸正是准确把握了这一点，所以才能够为其精准定位，让用户抢着买单。

第4章

组织架构：流水线操作，公司化运作

↘ 第一节 战略层

↘ 第二节 执行层

↘ 第三节 规避项

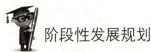

本章主要涉及社群的组织架构问题，在战略层、执行层和规避项方面，社群应该形成什么样的架构是非常重要的问题。社群创建者要为社群打造好结实的骨架，实现流水线操作，公司化运作，社群才有长久的可能。社群战略方面，要有核心发展规划，以及人力物力安排；在执行方面，社群的工作要落实到人，发挥成员特长；在规避项方面，社群要将管理向扁平化方向发展，解决现实生存问题，再谈情怀。

第一节　战略层

一个优质社群不是创建者天马行空的单纯想象，而是与实际相连接的商业层面的社会实践活动，而决定社群质量高低的关键性因素就是战略层面的定位。社群创建者要早早给社群制定阶段性的发展规划，并且，在人力资源、物料、外联以及执行层做好任务分配工作，从组织框架层面搭建起社群正常运营的平台。

阶段性发展规划

2015 年被称为社群经济元年，2016 年社群持续火爆，罗辑思维、K 友汇、大熊会、海星会等，成为当下最热门的社群。除了这些比较大牌的社群组织外，还活跃着众多不太知名的社群，虽然社群规模有差异，但是重要的是社群运营者如何给社群制定一个合理的战略构想，有利于社群从无到有，从小到大，从弱到强地发展下去。

既然是战略层面，当然要从发展规划说起，也就是说，社群运营者要给自己的社群制定什么样的阶段性发展战略，具体如何实施，以便达到更大规模、更强实力，这也是社群运作的首要步骤。

接下来，从初期、中期、后期三个阶段为大家解读社群的发展规划，如图 4-1 所示。

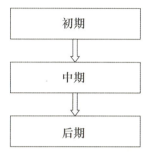

图 4-1　社群三个阶段的发展规划

1. 初期

（1）用户需求。一般来说，建立社群是为了满足人的特定需求，而根据美国行为心理学家马斯洛（Maslow）的五个需求层次理论，以及宗教宣称的七宗罪来追根溯源，人类的需求无非是由特定的情感因素所驱动，再结合特定的场景而实现核心价值。所以，社群的建立也要满足用户的真实需求，比如，学习、工作、社交、交友等。

（2）社群供应。社群供应是和用户需求相对应的，用户有什么样的需求，社群就要有什么样的供应，定位准确才能不走偏路。即社群主题定位清晰，社群成员的精准度高。

（3）沟通平台。狭义来说，社群的沟通平台是微信群、QQ 群、自建 APP，但也包括其他非主流沟通方式，比如，论坛、贴吧等，当然，沟通平台的选择也与社群的定位有关系。

（4）社群群规。即使是初期建立，社群创建者也要建立相应的社群群规，形成社群格调，引导社群成员的习惯养成，在此期间，也能够抓住种子用户，培育高忠诚度的粉丝群体。

2. 中期

（1）社群推广。在经历了试运营以后，社群已经初具形态，这时社群运营者需要在推广方面投入更多精力，可以增加流量入口，充分释放内部和外部渠道。比如，网站首页醒目位置贴放社群公众号或二维码、微信群快捷回复使用公众号引导、APP 推荐使用奖励等。社群宣传环节流程多，涉及面广，社群运营者要把握好布局建设，也要关注用户体验等细节。

（2）社群制度。在初期社群建立群规以后，在后续运营中，社群运营者也要不断完善社群制度，比如，设置门槛、主动清退长期沉睡成员，保证社群的质量，无形中赋予社群成员一种独特的优越感。

（3）线下活动。通过中期的社群沉淀，可以适当下放资源和管理权限。开展地推等线下活动。另外，还要注意线下活动要与线上活动相结合，不可脱离。

3. 后期

（1）优质内容。优质内容是能够持续吸引社群成员的黏合剂，比如，定期邀请行业达人分享经验知识，在线直播，互动交流等。还可以奖励社群成员自我输出，针对特定话题发表独特意见，可能不像行家那样专业，但其重点是激发社群成员的参与感。

（2）社群变现。社群变现是社群运营最重要也最容易出问题的环节，变现要与优质产品联系在一起，其形式包括在线课程、电子书或者是实物产品等。目前，社群变现最理想的模式是忠诚粉丝为偶像买单，也就是说，社群领导者具有极大的人格魅力，能够吸引粉丝购买其产品，罗辑思维就是最好的案例。

社群的阶段性发展规划是关系到社群未来走向的关键性环节，就像盖房子要有图纸一样，所以，社群运营者要在初期就做好社群的战略层准备，为社群搭建一个良好的生长环境。

人力资源布局

在战略层次方面，除阶段性的发展规划外，还有社群的管理工作，本小节主要涉及社群的人力资源方面的问题。社群运营的整个过程中，不同时期人力资源担当着不同的角色和重任，而不是像有些人说的，社群的人力资源工作大致是一成不变的。因为社群的发展壮大本身就是一个动态的过程，也是在不断的演变发展中。

比如，社群成员从刚开始的陌生到熟悉再到产生切实的共赢合作，而社群也会最终产生统一的具有感染力的社群意志，这种团体性意志是社群成员认同，且愿意执行的思维指导，也可以促使社群实现自我运营、自我复制和自我驱动。

这个演变过程中，人力资源起着非常重要的作用，也就是说，社群内的人力资源主要涉及社群规范的制定和实施，建立起一整套社群体制，在体制内社群成员可自行安排社交活动，同时，能够对社群本身产生良好的积极作用。

但事实上真正做到这一点很难，人是会独立思考的高级动物，不可能只靠社群制度就能完成一切预先设定。因此，也就突出了人力资源工作的重要性。

传统意义上的人力资源工作会涉及员工的招聘选拔、日常考勤、入职离职手续、工资绩效考核、人事法规以及相关条例文件的起草与制定等工作。

在社群运营过程中，人力资源主要是社群内部的管理性工作，尤其是社群关键性岗位的人员设定。在社群的组织架构中，应该如何构建人力资源布局？如图 4-2 所示。

图 4-2 社群人力资源布局

1. 社群领导者

团队需要有领头人，社群也不例外，而且社群领导者是决定社群风格和走向的核心人物，也是社群的灵魂支柱。所以，在社群的人力资源布局上，社群领导者或者是社群的创建者必须处于核心领导地位，指导社群的整个人力资源工作。

2. 社群管理者

如果将社群看作一个学校，社群领导者是院长，那社群管理者相当于班主任，负责社群的具体事务运作，所以，对社群管理者的选拔和日常管理工作以及风险控制等方面要非常细致。

（1）管理者选拔。在选拔社群管理者时，即使没有太多社群管理方面的经验，但一定要有责任感，然后需要有一定的优势或特长，能够让社群成员听从组织分配任务，最后，要对社群工作有整体把握和认知。只要满足这三个基础条件，基本可以胜任社群管理者岗位。

当然，有些中小型规模的社群并没有设置太多的管理层级，往往是社群创建者一手包揽，这种情况下，对社群创建者的要求会更高。

（2）管理者制度。社群的管理者制度主要是针对管理者自身的体制规则，而且，为更好激励管理者的工作热情，需要在制度方面适当向管理者人员倾斜。比如，社群管理者在社群运营中取得比较好的成绩时，要给予一定优惠或奖励。同时，为了防止管理者架空社群领导者，还要建立特定的风险控制体制，提高管理者对社群的忠诚度。

3. 具体工作

人力资源工作本身就涉及许多繁杂事项，社群人力资源工作也是这样，所以在具体工作方面，要对社群人员进行合理规划。比如，线上活动和线下活动负责人，日常社群秩序的维护等，都需要合理的人力资源布局。

社群人力资源是关系到社群运转和发展的保障性工作，社群具有合理的人力资源布局可以为社群的正常运转和发展方向提供良好基础。所以，社群创建者必须重视相关工作。

物料安排

社群的日常运营离不开线上线下活动，开展活动是直接提高社群成员黏合度的最好方法，而活动必然要进行前期准备工作，这就考验社群运营者的实际操作能力。本小节以社群线下活动为例，简单介绍线下活动的物料安排方面的工作。

接下来，从三个方面为大家解读社群线下活动的物料安排内容，如图 4-3 所示。

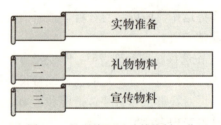

一　实物准备

二　礼物物料

三　宣传物料

图 4-3　社群线下活动的物料工作

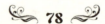

1. 实物准备

常见物料有海报、签到表、签到笔、易拉宝、摄影仪、单反、插排、电线等。如果实物材料很多的话，可以提前快递到场地方，但要确认场地方是否能签收。若现场需要张贴海报，则需要社群组织工作人员提前到场准备。同时，和场地方核实需要携带哪些物料，哪些是场地方可以提供的。这些都需要社群工作人员提前确认核实。

2. 礼物物料

在活动现场分发小礼物，也属于物料准备的内容。比如，书籍、U 盘、充电器、T 恤、贴纸、帽子、水杯、明信片等。依据社群类型和定位以及线下活动要达成的目标而确定礼物性物料。

另外，为增强传播效果，可以在现场的笔记本电脑张贴醒目的社群标识背贴，这样就能够走到哪里带到哪里。礼物不仅可以用来沟通社群与成员或社群成员之间的感情，也能起到推广和宣传的作用。

3. 宣传物料

除了有社群标志的实物外，社群运营者还要注重宣传类物料。比如，社群的宣传视频、PPT 以及活动前的破冰小游戏等，都是为了将社群的标志和内涵通过细节传达到每一个社群成员，当然还可以辅助礼物赠送等。

还要分配专人负责现场拍照，用于活动痕迹留存和日后宣传。明确分工，互相监督，才能达到理想的活动效果。

社群线下活动的物料工作是配合社群主题活动而实施的，所以，社群运营者要提前规划好需要哪些物料，及早准备，并和场地方明确核心内容和细节，做到心中有数。另外，为防止物料短缺，还要在原有数量上增加额外补充，特别是一些用量大的物料，并派专人负责看管。

外联安排

社群的外联工作主要是寻找合适的赞助商，对社群运营和日常活动提供资金或实物支持，其赞助形式主要有冠名、主办、协办、鸣谢、指定产品等。作

为回馈，社群可以通过自身平台或媒体资源对赞助商提供商业回报，提高赞助商知名度。优势是社群和赞助商都能够互利共赢。

除活动外，社群还可以运用赞助商的支持在内部对社群成员进行鼓励，社群成员可以从社群中获得福利，成为社群的传播者、组成者。同时社群要为成员谋取福利，也要制定特别机制将这种互惠共赢的福利体系沿袭下去。

比如，罗辑思维社群获得过乐视赞助的 10 台电视，还有黄太吉的 10 万份煎饼，都是社群运用外部赞助商的成功案例。社群主动为成员谋取福利，可以加速成员产生社群归属感，而不是双方处于对立互不认同的矛盾角度。

最直接的是，社群运营需要有资金支持，各项开支也都要有资金流动，那如何与合适的赞助商开展社群范围内的合作呢？接下来，为大家解读社群的外联工作安排，如图 4-4 所示。

一　确定赞助商

二　赞助商裂变

三　双方合作模式

四　活动效果反馈

图 4-4　社群的外联工作

1. 确定赞助商

社群依据定位和目标的不同可以划分为不同类型，当然，在选择赞助商方面也要对社群有利才能考虑在内。将社群品牌与赞助商之间形成相互作用的纽带。

比如，巧克力品牌赞助大型夜场派对，其品牌产品频繁出现在派对中，这就是通过赞助活动，培养消费者的使用习惯，让消费者形成消费依赖，排斥竞品。

社群运营者也要从双方的互利共赢方面考虑，特别是赞助商的口碑和实力，也能够顺势运用赞助商的资金支持，配合媒体宣传，为社群进行有效传播打造良好基础。

2. 赞助商裂变

当初小米第一版 MIUI 发布时，只有 100 个用户，小米将其定义为"梦想的赞助商"，如今，小米用户已经过亿。从 100 到过亿级别，这就是赞助商的裂变式发展。所以，社群运营者也要看中赞助商，特别是种子型赞助商的核心作用，加速裂变，在合适时机引燃爆发点。

3. 双方合作模式

本质上，社群和赞助商都有各自的目标，社群希望自己越来越壮大，成员凝聚力越来越强，活动也可以无限复制下去，但成本是个大问题。一般来说，赞助商资金实力雄厚，营销关系链紧密，但传播效果要借助平台进行扩展。

所以，社群要和赞助商协商好合作模式，如果确实有立场矛盾，不可调和，及时退出也是明智之举。

4. 活动效果反馈

赞助商在社群活动中的赞助一般不止是一次，有可能是长期合作关系，社群运营者就要思考活动效果和反馈渠道。比如，这次社群线下活动的综合效果怎么样？赞助商在其中产生了什么程度的影响？有什么需要改进的地方？社群成员反馈如何？

这些问题都与社群活动质量有关系，也和赞助商有紧密联系，所以，社群运营者要及时总结反思，对赞助商提出的问题也要积极互动交流。

社群的外联工作是直接关系到社群活动质量的关键因素之一，优质赞助商能够在社群活动的全程给予良性导向，奖励到位，激发社群成员活力。所以，社群运营者要在外联工作方面给予一定关注度，对合适的赞助商可以开展长期合作，这样有利于社群品牌的稳定性建设。

 执行层工作分配

社群运营战略层面的工作确定以后，就进入实际执行阶段，社群运营者要在执行层工作分配中，做好统计量化工作。一方面，激励社群成员的参与热情；另一方面，为社群体制的建立和完善提供参考和实战经验。

比如，社群工作确定以后，由谁来负责？什么时间完成？如果完不成有什么补救措施；活动效果如何跟进和评估？这些问题都会在执行层面常常遇到。更重要的是社群运营者要将工作具体化，定时定量分配到个人，有变动可以及时通知纠正。

另外，要善于运用社群管理软件，比如，微信群、QQ群、自建APP等，让社群成员能够第一时间掌握活动动态。尤其是发生危机性事件时，社群运营者要及时开展危机公关，做到全天候快速响应、快速定位，提前制定应急预警解决方案。

在社群实际运营过程中，可能由于沟通不当或交流有误等原因，无法及时准确理解任务目标，这时就容易出现大家都在努力工作，但社群效果却不佳的现象。

这就说明在社群具体执行过程中出现了问题，大家都在以自我为中心，做"我认为"重要或"我认为"应该这样做的事情，结果就是大家付出很多，但社群内活动未达到预期效果，活跃度降低，社群本身也没得到更多的跨越式发展。

所以，社群运营者要在社群运营过程中把握以下三个问题，如图4-5所示。

图4-5　社群执行层工作分配的注意事项

第一，及时高效沟通。比如，下周要举办哪些活动，由谁负责，向谁汇报等，这些问题都要落实到个人，如果有突发情况必须保证第一时间有补救措施。

第二，奖励机制。社群仅凭爱心和奉献是很难长期维持下去的。所以，必须在社群资金中预留出奖励基金，激励那些为社群活动忙前忙后的志愿型成员。

第三，低投入高回报，这点是对社群成员而言，要让社群成员在活动或运营过程中体会到，自己花费不多的时间成本，可以获得高出或远高于投入的回报，这种回报可以是物质，也可以是精神。具体情况依据社群性质划分和界定。

社群的执行层工作分配会涉及社群各方面的具体性内容，所以，社群运营

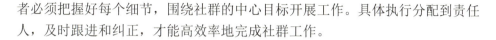
者必须把握好每个细节，围绕社群的中心目标开展工作。具体执行分配到责任人，及时跟进和纠正，才能高效率地完成社群工作。

第二节　执行层

在战略层确定大方向以后，就进入执行层面，也是社群工作真正的落地部分，所以，社群运营者要将社群工作进行可视化管理，同时，建立社群工作的考核标准，放权又有效率才能够创建优质社群。同时，社群内部的工作也要分配给合适的社群成员，发挥资源型成员的优势，让爱心型志愿者保持热情，以奉献精神支持社群工作。

 社群工作可视化

各类社群纷纷出现，社群成员虽加入同一个社群但也可能会出于不同的目的，比如，张紫璐和徐佳都参加了一个瑜伽社群，并且通过社群活动成为好朋友，但她们参加的目的却不相同，张紫璐是想通过练习瑜伽达到减肥的目标，而徐佳则是培养兴趣爱好。你看，两个目的完全不同的人都加入了同一个社群。

而对社群运营者来说，对社群内成员进行精细化管理，掌握动态信息，才是一个优良社群该有的品质。所以，就需要将社群工作可视化，即运用特定工具或平台，对社群成员进行系统性管理，同时，保证其个性化发展。在这里，可视化有三层含义，信息可视化、成员可视化、社群可视化，如图4-6所示。

图4-6　社群可视化的三层含义

1. 信息可视化

移动互联网使信息获取和传递更加便捷高效，社群成员可以即时收到社群的在线分享内容，或者是将社群达人的知识讲解以精美 PTT 的模式展现出来。信息可视化使信息能够留存、展示更完整更加便于理解。

2. 成员可视化

社群成员可视化说的是个体价值的体现，比如，贴标签或规范化自我介绍就是成员可视化；某社群要求加入者要将群内名称统一改为"名字+居住地+职位"的形式，既是便于社群管理，也是让其他社群成员能够直观感受到成员的价值体现，这就是社群成员的可视化。

3. 社群可视化

初次听说或了解某个社群时，大多数人都会问："这个社群是做什么的？"事实上，这也是潜在的社群成员对社群的第一印象，即"做什么的"，也就是说，这个社群能够给"我"提供什么样的价值。

社群的高阶玩法不只是办几场线下活动，做一些分享链接，更多的是向成员传递价值，大家能够在社群内获得真实的成长，这才是社群可视化，也就是说增值保值的价值是看得到的，不是虚无缥缈的。

社群可视化要贯穿于社群运营的整个过程，才能起到监督和激活的作用。信息能够及时无误沟通，社群成员交流无障碍，社群运营向着良性方向发展，这就是社群可视化的目标和要求。在实际运营过程中，社群创建者运用社群可视化工具，有助于社群管理和维护。

比如，百度脑图。实际上，百度脑图就是一种在线编辑的思维导图，使用者能够运用此工具制作出社群详细导图，而且无须安装使用方便。社群运营者可以利用百度脑图将社群中的成员添加进去，放在社群中供大家使用，可以有效激起社群成员的热情。

还有一种工具就是社群助手类工具。特别是以微信群为在线交流平台的社群，在社群管理过程中，社群运营者可能很难直观判断哪些是沉睡成员，哪些是只抢红包不说话的成员，怎样能够快速高效地记录微信群内有价值的内容。如果单独安排人工来完成，工作量多不说，效果还不一定好。所以，社群助手类工具就开始起作用了，比如，小U管家。

只要将微信群引入小U管家，开通社群空间，就能够使用多项社群管理功能，比如，娱乐游戏、数据统计、内容沉淀等。此外，小U管家还可以将某些功能自动化，例如，红包发送、签到通知以及加人踢人等，极大地减轻了社群运营者的工作量。小U管家是社群管家式的专属机器人，也是目前国内最专业的微信群管理机器人。

有了专业工具辅助，社群管理和执行工作会变得更加高效，掌握社群运营的秘密武器也是社群运营者的必备技能之一。社群工作在架构方面多是宏观的，但在执行方面却要真实具体。即使目前你的社群规模并不大，但洞察每一位社群成员的需求是一定要做的。

如果目前能够聚集100位种子用户的社群，好好运作，在未来很有可能成为不可估量的潜力股。而社群到1 000人的规模时会有一个拐点。在不断增长过程中，积累社群运营经验，把握好每一个细节，在执行层将战略层制定的任务认真完成，及时总结反馈，也会有很多收获。

设置社群考核标准

在探讨社群考核标准之前，要先明确一个概念，即社群的组织结构到底是什么样的，只要弄清楚社群的框架结构，才能有考核的目标和依据。

通常来说，从公司的管理结构进行理解，公司规模越大，组织体系越细化。比如，开一家公司，我们需要有CEO、高级管理人员、各部门经理、组长、普通职员等。从组织结构划分，公司可以分为运营部、技术部、客服部、人力资源部、市场部等，其内部还有更加细致的划分，这里不一一赘述。

社群也是一样，一个优质社群内部成员会有不同分工，也有不同区域部落，这些集合起来就构成了大型社群结构。其中，必然会有轻重之分。而这里的社群考核标准，大多数指的是从社群的管理结构入手，建立一整套量化体系。

在实际运营过程中，目前社群的模式多是社群创建者即群主是领导者，分配若干个工作人员，负责社群日常维护和管理工作。这种情况下，社群规模越小，反而越能够起到作用，因为分级少，目标明确。

对社群创建者来说，当然是希望社群的工作能够分配到人，高效完成，所以，这就需要引入特定的社群考核标准，实行社群工作量化管理，每天登记结果，反馈信息。而考核又以KPI为主要手段。

KPI指的是关键绩效指标，是一种量化型管理模式，简单来说，就是将工作任务分解，变成可操作的任务，其优点是分配到人，工作有目标。也是衡量工作人员工作绩效的主要指标。

从社群运营角度看，将社群运营指标量化，设置 KPI 考核标准，大致可分为三种类型：结果导向型 KPI、过程导向型 KPI 和无明确 KPI。

结果导向型 KPI 的关注指标主要包括社群活动的次数、参与度、社群成员新增量，以及在线转化率、复购率、活跃度、点赞数等。

而过程导向型 KPI 就是重点关注社群的活跃程度和举办活动的频率。无明确 KPI 当然就是没什么特定的量化指标，处于集体摸索期，大家会非常茫然不知道社群运营到底该从哪里入手。

不管是何种类型的 KPI 考核，都要制定符合社群特点的量化标准，不只是社群工作人员，包括社群创建者，也要加入 KPI 考核，看结果说话，及时总结。社群运营涉及社群方方面面的内容，除了优质内容输出外，给社群营造一个良好的组织框架和人文环境也非常重要。所以，社群运营要有 KPI 考核，但也不能以 KPI 考核为主。同时，运营社群不同于单纯的运营商业公司，社群运营者也需要注意以下三个问题，如图 4-7 所示。

适度宽松	奖罚分明	合理规划

图 4-7　社群设置 KPI 考核的注意事项

1. 适度宽松

将 KPI 考核过于细化不一定是好事，当然，单纯认为用户数量多即是胜利，这种想法在社群运营中也不是完全适用。

社群的规模和用户数量以及用户活跃度的增长都是有节奏的，只有社群以用户为核心，将周边数据作为考核标准，求质不靠量才是优质社群的秘诀。所以，社群领导者要注意营造适度宽松的环境，给社群生长预留一定的时间和空间。

2. 奖罚分明

虽然提倡营造一个适度宽松的环境，但不代表不需要考核，社群的正常运转需要有规范化的制度，这样社群运营者才够有据可依，工作才能有清晰的目标。比如，能够最直观反映效果的是核心用户数量、贡献率、流失率等。应在单位时间内予以观察，总结效果。

明确奖励和处罚标准，当然，社群运营要尽量倾向于奖励和引导，这样才能充分调动社群运营者的工作积极性。考核手段不是最重要的，通过这些考核方式能够最大限度地触达用户，了解用户的真正需求。

3. 合理规划

既然是量化性考核，社群领导者就需要提前合理规划考核任务，执行层次的社群工作不是拍脑袋就可以做的，而是要提前计划，可行性、执行效果、变动范围等情况都要考虑在内。

制定合理的可行性考核计划能够有效增添社群的活力，即使遇到问题也能及时纠正，同时，设置社群考核标准也是为了更精细化运营社群，连接起更多的社群成员。

 ## 如何让资源型组织者发挥优势

从连接关系来看，社群可以分为社群内部成员之间的联系以及社群与社群之间的联系，而在执行层方面，着重强调社群内部关系。社群内的成员可以分为多个级别，比如，大咖用户、核心用户、普遍用户和沉睡用户。前两种对社群运营有重要作用，也是本小节的主要探讨对象。

在社群中，大咖级别的用户当然是掌握核心资源，极具个人魅力，能够引导甚至决定社群走向的公众人物，虽然核心用户可能在社会影响力方面不及大咖级别用户，但其对社群的影响力同样不容小视。本质上来说，大咖也属于社群的核心级别用户。

特别是一些中小规模的初创型社群，核心用户可以说是社群的最大贡献者，或者是冷启动下的种子用户，调动好这些核心用户，对社群未来发展具有重大意义。

比如，小米在初期并没有太多的用户数量，但也正是 100 个"梦想赞助商"成功助推小米成为影响中国千万级用户的著名科技品牌。

社群运营初期最首要任务是招募成员，将目标受众聚集起来，才能形成社群的雏形，很多社群运营者不知道怎样吸引那些自带资源的用户加入，比如，网络大咖、行业 KOL、意见领袖等。

其实，吸引用户本身就是在汇聚资源，当这些用户加入以后，自然就能够转化为社群资源，再通过相应的体制机制，发挥这些资源型用户的优势，社群

运营难题就迎刃而解。总体来说，还是要从源头入手，对用户进行合理引导，如图 4-8 所示。

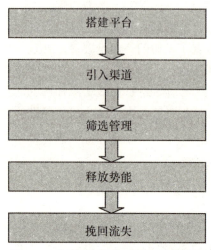

图 4-8 引导用户汇聚社群资源的步骤

1. 搭建平台

依据社群定位和类型及目标用户的需求和特征等，合理嫁接供需关系，在社群准入、形象展示、用户组织结构等方面，明确制度严格管理。总体来说，就是先要有社群这个平台，才能进入吸引用户的步骤。同时，社群创建者要明确社群运营的责任和权限，在初期就制定好各项规则。

2. 引入渠道

目标用户出入的微博、贴吧、论坛或直播 APP 端口等，都可以成为引入用户的渠道。同时，也可以和社群合作或者通过种子用户邀请推荐等。尽管渠道很多，但也要保证用户质量，社群本身就是"乌合之众"聚集地，如果有"异己"力量加入，会影响社群后期运营和整体走向。

3. 筛选管理

这个环节主要是及时筛选出不符合条件的却已加入的用户，当然，不同的社群有不同的评判标准，这个需要社群领导者自己把握。但是不能以用户数量作为衡量社群强弱的唯一指标，对僵尸粉要勇于"自宫"，清除冗余，保证社群队伍的一致性。这样既有利于塑造共同价值观，也有助于社群日常管理工作。

4. 释放势能

社群中有行业资深专家，在创业指导方面有独到见解，而且有比较强大的资源支持，这时社群就可以运用创业大咖的自身势能向社群内释放。当然，仅有大咖的优质输出还远远不够，还要让普通成员有参与感，保持互动性。另外，也要让大咖在社群内感受到自己是在传递一种正能量的价值观，而不仅仅是为了物质利益。

5. 挽回流失

社群运营过程中，会不可避免地流失用户资源，所以，社群运营者要尽量维持和延长社群的生命力，最好在衰退期前就开辟另外的道路，同时，流失也是对社群自我更新能力的考验。

以上五个步骤是将发挥资源型组织者的优势融入进去，因为社群成员释放自身资源本身就是社群吸引用户的过程。所以，社群领导者要把握好社群的核心用户，同时运用好自身资源和特长。

 ## 如何让爱心型志愿者保持热情

培育出一个优质社群不是件容易的事情，需要社群内外合力，整合资源，而社群最重要的资源是什么？是人，人的潜力是无限的，运用在社群建设和社群运营也是这样。

要想充分发挥社群的积极作用离不开爱心型志愿者的帮忙，也就是说，建立一个合理且完善的激励机制，选择富有爱心且有时间的社群成员作为志愿者，协助管理社群工作。虽然这件事情更多的是要有爱心的社群成员义务帮忙，但更重要的是发挥社群体制作用，使爱心型志愿者有持续热情，让社群内的志愿服务一直延续下去。

让爱心志愿者保持热情，可以从制度着手，有以下三点内容：

第一，志愿奖励。比如，志愿者服务某个阶段性的社群项目，以项目为核心，给予志愿者奖励，最好是"实物+精神"的组合型奖励；

第二，精神嘉奖。比如，一个 500 人的社群，以 10:1 的比例选拔出 50 名志愿者，负责全国 10 个中心城市的社群管理工作，每个地区 5 名。社群领导者要主动放权，给予统一的名誉称号，以区别于普通社群成员。这样做可以增强志愿者的荣誉感和归属感；

第三，额外奖励。对社群工作有突出贡献的志愿者给予额外奖励，并且要当众表彰，鼓励，持续增强志愿者的奉献精神。

这些措施是从社群架构方面给予志愿者偏向物质方面的激励，如果要加强效果，最好将情感奖励融入社群组织架构中，激发志愿者的积极性和社群活力。即使出现问题，也可以追责到人，奖罚分明。

接下来，为大家介绍一下如何从情感奖励入手激励社群爱心型志愿者，如图 4-9 所示。

图 4-9　对社群志愿者的情感奖励

1. 仪式感

世界上哪些组织或团体是最具有仪式感的？答案有两个，一个是宗教，一个是部队。在部队当中，严格的部队纪律就是一种仪式感，标准化管理也自带一种仪式感。而宗教则是将仪式感扩容到信徒生活的方方面面，甚至深刻影响其思维理念，比如，按时做礼拜。可见仪式感本身就凝聚了强大的精神内核，指导人的行为。当其在社群工作中运用也是如此。

社群成员见面有什么共同手势、流行语，线下活动要穿什么衣服，有哪些礼仪性的注意事项，社群吉祥物等，都可以融入社群工作中。这不仅培养社群成员的仪式感，也在无形中增强了社群志愿者的荣誉感。

2. 参与感

社群志愿者不只是负责一些琐碎的事情，而是要真正参与到社群工作中。比如，北京地区的社群志愿者与上海社群志愿者共同协作举办一场跨地联欢活动，这时，志愿者角色的分量丝毫不低于社群的核心人物。对社群志愿者来说，真正地参与感要比奖励更有激发作用。

3. 组织感

比如，一场社群地推巡回活动，需要跨越 5 个省区 12 个地级市，社群领导者将工作分配给各个地区的社群志愿者，再派出社群总部的负责人。以公司化的运作方式，发挥地区社群志愿者的东道主作用，让志愿者扮演组织者角色。既有利于社群工作的推进，也可以从中选拔优秀志愿者。当然，要协调好总负责人和志愿者的工作分工，避免产生矛盾。

4. 归属感

从情感方面为社群志愿者注入动力，是最长久最稳定的办法，因为做好以上三个方面的话，社群志愿者很容易对社群团队产生归属感。一个志愿者不可能跟进每一场活动，但整个志愿者团队可以形成坚定有序的主流意识，为社群服务，为成员服务。

让爱心型志愿者持续保持热情，需要社群领导者从物质和精神层面给予双重保障，既有爱心可释放，也能收获团队的价值肯定。这样的情感式奖励同样也适用于社群成员，对于加强社群凝聚力、塑造社群形象具有积极意义。

第三节　规避项

社群运营是个系统化工程，搭建高效的管理模式框架也是社群工作的重点，实践证明，社群层级管理的扁平化确实有利于社群发展。同时，社群创建者要明白，社群的生存问题是现实第一要务，其次才是情怀。只讲情怀的社群是不能长久发展的，而且事实是现在很多社群在一年内便走向死亡，原因何在？如何避免？这也是本小节要探讨的主要问题。

玩转社群 方法、技巧一本通

社群层级管理扁平化

IT 技术员秦海通过微信群建立了自己的社群，兴趣集中点主要是户外旅行，社群由最初的微信群拓展到线下活动，为此秦海还运用自己的专业特长为社群编制了一套简单的管理程序，依据时间、地点、活动等细节管理社群的日常活动，也大大减少了秦海的工作量。目前，秦海的下一步计划是寻找合适的投资人，以扩大社群规模。

但问题是，秦海发现最近社群有两个核心成员不像以前那样热情，对工作的抱怨也多了起来，直接影响到社群的日常运转。所以，秦海一直在思考原因，后来得知是因为这个成员认为自己虽然是"二把手"，但其实社群还是要听从秦海一个人的指挥，几乎没有主动权。

秦海也反思了自己在社群工作中的表现，之所以对"权力"抓着不放，是因为担心权力下放的话，成员的执行力不到位。抓权会打消成员积极性，放权会削弱领导者的话语权。而在社群中，大家是区别于公司制度的管理等级划分，不是单纯的上下级关系。而是以目标为导向，建立相关的平等条件的管理层级，这也是社群管理中的重点和难点。所以，社群要规避领导者一言堂的现象，让社群层级管理扁平化，才是核心要点。

比如，初创型社群，人数比较少，管理方便，可以只设置二级制管理模式，只有社群领导者和成员的等级区别，这也是社群的自然选择。当社群规模扩大，社群创建者的精力有限，不方便直接管理社群成员以及所有的日常工作时，可以增加至三个层级。这就是比较简单的扁平化管理层级。

扁平化管理指的是一种管理模式，决策层级和执行层直接对话，或尽可能减少中间管理层，使得领导者能够直接将工作任务和目标等快速传达到执行层。有利于减少误差，也可以剔除冗余，提高组织的运作效率。

扁平化管理主要是区别于等级式管理模式，等级式管理模式有多个管理层次，包括高层、中层和基层，而最高领导者处于金字塔尖的顶端位置，很容易发生对市场反应比较迟钝的现象。从现代管理学而言，扁平化管理是对等级式管理模式的升级和进化。

比如，美国 IBM 公司在低谷时期，三年累计亏损高达 160 多亿美元，被迫

大规模裁员 17.5 万人。当时的 IBM，管理组织层级非常多，一项决策通过十几层的管理等级传达到基层的执行人员那里时，已经严重偏离。这也导致 IBM 的决策流程很长，对市场的反映比竞争对手慢好几步。此时的 IBM 前进步伐缓慢，改革阻力可想而知。这时，路易斯·郭士纳（Lewis Gerstner）接手了 IBM，对 IBM 开出了救治良方。

大规模裁员、重新组合各业务部门、减少管理层级等一系列的改革措施使得 IBM 这头步履蹒跚、身材笨重的"大象"跳起轻盈的舞蹈。他本人也因此被称为扭亏为盈的"管理魔术师"。郭士纳对 IBM 的救治重点就是去除"中央集权"的金字塔结构，实行扁平化的管理结构。

从郭士纳对 IBM 的改革中可以看出扁平化管理确实有自身优势，社群领导者可以将这种管理模式贯穿于社群工作中，但扁平化管理也有其适用特点，社群领导者要有针对性地使用，如图 4-10 所示。

图 4-10 扁平化管理的适用特点

1. 管理体系

实行扁平化管理的前提是要有一整套合理的管理体系，比如，在信息传达、团队素质、执行能力方面都要有一定保障。社群领导者要对社群工作有总体性把握，保证一项任务能够快速及时地传达到执行者，了解任务执行情况，社群团队能力突出。满足以上才能使扁平化管理达到理想效果。

2. 适度平衡

实行扁平化管理不代表就彻底放弃等级式管理模式，在社群工作中，可以将两者组合使用，在不同方面和部门实行某种管理模式，以达到适度平衡的状态。

3. 适用范围

总体来说，扁平化管理比较适合初创型和中小型组织机构，这种组织机构的内部人员比较少，领导和员工能够直接沟通，便于活动执行。社群领导者可以根据社群的总体情况，采取扁平化管理模式，规避某些不利因素，最大限度

地实现社群的长久发展。

从以上适用特点可以看出，扁平化管理不是彻底的放权或撤并机构，而是以灵活机动的管理模式激发员工热情，实现最大产出。社群虽然是一种团体性活动，但也可以运用公司化模式管理，重点是社群领导者必须把握扁平化管理的核心要点，避免组织涣散，出现执行不到位的情况。

 ## 现实为先，情怀为后

在探讨社群问题前，我们看一下锤子科技的艰难现状。2016 年 9 月底，中国证监会公布了成都尼毕鲁（Tap4Fun）科技股份有限公司的 IPO 预披露材料，材料中意外暴露了对盈亏情况闭口不谈的锤子科技的财务数据。

数据显示，2015 年，锤子科技亏损 4.62 亿元，2016 年上半年持续亏损 1.92 亿元。同时，资产总额由 2015 年底的 8.25 亿元急剧缩水至 2016 年上半年的 2.96 亿元。短短一年半的时间，锤子科技亏损超 6 亿元。

面对亏损，锤子科技的掌门人罗永浩似乎只能以让粉丝尖叫的产品作为突破口，而在 2016 年 10 月 18 日在上海举行的发布会上，锤子品牌的第三代手机 Smartisan M1 和 M1L 被推到大众面前。

要知道在竞争激烈的智能机市场中，手机销量不达到千万级别，基本是没有太多盈利的，而此前锤子的三款手机产品 Smartisan T1、坚果以及 Smartisan T2 都未达到盈利线，与预期销量有一定距离。

持续巨额亏损与销量不佳的双重打击，在现实生存问题面前，锤子确实要考虑未来之路了。在 2016 年坊间已经有传闻，锤子要被收购了，无风不起浪，连罗永浩都说"传言不是没有根据"。

可以看出，锤子的情怀并没有真正解决其生存的现实性问题，所以，一个企业或团体，要想活下去必须解决其生存问题，持续亏损或销量不佳，肯定不会走远，除非有突破性进展。总之，任何一个领导者都要明白现实为先，情怀为后。情怀再深刻，再打动人心，市场也是残酷的。而对社群来说，也是如此。

为社群赋予独特的情怀，相当于给社群赋予了灵魂，其附加值也会提升一个等级。讲情怀没有错，但只讲情怀就会出现偏差，脱离商业背景的情怀更是无法生存。粉丝可能会被情怀感动，但真正买单的却不多，锤子手机就是证明。

你能说锤子手机的粉丝不是真吗？不是的，锤粉或罗粉还是非常支持自家产品的，但支持不代表就去疯狂购买，否则，锤子手机的销量不会这样惨淡。特别是锤子粉丝一纸诉状状告罗永浩，更是自家粉丝对偶像的致命打击。

而且，锤子新品手机一上市，立即开展大幅度的降价优惠，也伤了不少粉丝的心。巨人网络副总裁吴萌甚至还上传了用锤子砸了锤子手机的视频，引发网络热议。

情怀当然可以有，但也要在商业利益前有所遮掩，毕竟没有盈利和收入的组织很难在市场中生存下去，社群运营也是一样。一个有情怀的社群是有吸引力的，但也要满足以下三个条件，如图4-11所示。

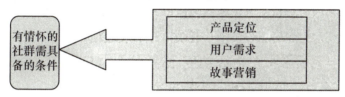

图4-11 有情怀的社群要具备的条件

1. 产品定位

社群的产品定位是吸引目标受众的第一要素，在过去，产品质量好，服务好就可以定义为好产品，但现在是能让用户尖叫的产品，才是好产品，而这也是社群的情怀。社群要懂得用情怀打造产品，用极致精神武装社群基因。

2. 用户需求

用户需求是从用户真实需求出发的，如果社群能够解决用户真实需求，那这就是一种情怀。比如，农产品社群，既能够提供农产品知识，又可以是供求信息平台，社群成员可以交流问题，也能够走到线下实地考察。满足用户需求，用情怀赋予社群不一样的特质。

3. 故事营销

有故事的商业产品总是多出一些附加值，而会讲故事的领导者本身也可以为社群增加魅力，情怀要以讲故事的方式说出来，故事营销可能是当下成本最低，传播价值最高的营销手段之一。

情怀更多的作用是唤起和激起目标受众的情感需求，社群的目标确定以后，自然可以吸引"同类人"。现在物质社会，人们缺乏的不是商品，也不是商品的数量、质量以及价格，而是蕴藏在商品中的情感，情感价值高的商品当然会更受追捧。

在社群运营中也是这样，运营者要传递特定的情感，情怀可以引发消费者的心灵共鸣，但社群运营者也要明白，在情怀之前，还是要将现实放在首位。现实就是生存问题，只有解决生存大计，才有精神层次的情怀。情怀可以让人感动，但不一定会让人买单，讲求盈利是商业运作的本质，也是社会发展的助推力。

像罗永浩的锤子手机，确实有情怀，还将工匠精神、极致精神融入在内，即使是小众化产品也得到了很多人的认可，可现实却销量不佳，进而陷入持续性亏损的局面。所以，还是要现实为先，情怀为后。

为什么有些社群会在一年内死掉

绝大多数添加过微信群的人肯定会有这样的体会，刚开始加入时，会以兴奋的心情和群友探讨各种问题，过了一段时间，群内开始安静了，再后来不断有人发送广告链接，刷屏、灌水或者干脆长时间潜水。也可能发生两个或两个以上的群友因为某个问题而谈不来，辩论上升为争执，再到群里开战，连群主都控制不了，退群成为必然。

又或者是群主因为诸事缠身，无力经营，虽然群里人数不少，多数都在30人以上，情况好的超过百人。但他们都是从最初的热闹，到混乱再到沉寂。一个周期下来，短的不超过一个月，长的不超过一年，便销声匿迹。

有些社群会在一年内死掉，最直接的原因就是其生命周期走到了尽头。为什么是一年？原因有两个。

第一，情感消磨。前半年，社群处于高速膨胀状态，社群成员的热情也非常高涨，新进成员也会有好奇心，到后半年，大家慢慢熟悉，话题感和新鲜感逐渐消磨殆尽。这时社群群主也没有太多精力继续维护。

第二，管理僵化。一年的时间里，社群的生命周期已经走完，管理模式确定，很难有大的突破，盈利变现能力出现疲软。继续投入的成本大于商业和情感带来的回报。

如此残酷的真相让人不忍接受,特别是对社群付出很多心血的群主和群管。但事实确实如此。为了最大限度地延缓社群的生命周期,就要从社群的构成人员着手,主要是社群创建者和社群成员,分析解决问题才是核心。

社群会死是因为陷入了从萌芽到成长再到衰退的闭环模式,为了避免这种情况,我们要让社群处于持续存活的良性循环模式。良性循环下的社群会有造血功能,而且能够不断吸引新鲜血液注入。这样,既能解决自身生存问题,又可以获得商业回报,最终形成社群生态圈。从哪些方面着手建立社群运营的良性生态圈呢?如图4-12所示。

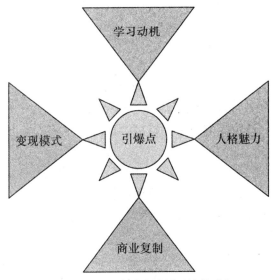

图4-12　建立社群良性循环的着手点

1. 学习动机

有强烈的学习动机是人们加入社群的主要原因之一,学习型社群就是突出代表。在学习型社群中大家因为有着相同的学习目的,可以互相鼓励,在社群内学习新知识,分享实用干货。而且,学习是件永无止境的事情,除了学习本专业知识外,社群运营者还可以增加周边课程,提高学习的趣味性。

2. 人格魅力

这主要是针对群主而言,社群领导者的个人魅力当然可以吸引不少人加入

社群，以自身影响力带动社群成员，扩大社群知名度，也可以增强社群本身的生命力。而且，这种人格魅力带来的影响力是持久而深刻的，社群领导者可以充分利用，提高在社群中的影响力。

3. 商业复制

如果社群领导者有相当程度的个人影响力，社群内部已经建立一整套权责明晰运行良好的体制，就可以适当进行商业性复制，盘活更多的资源。同时，社群创建者在复制过程中要注意避免某些情况。比如，社群分支的复制性太强，不考虑实行具体情况，一味以母版为标准。这时要对社群分支负责人进行沟通，灵活处理。

4. 变现模式

社群良性循环的关键点之一就是建立有特色的变现模式，有商业盈利，社群才能顺利开展各项线上线下活动，邀请大咖、KOL 分享经验干货。而且，实现变现也是许多社群的主要目标，有商业盈利本身也可以吸引更多的人加入社群。

社群能够长期存活，一方面是因为能够为社群提供某种价值，另一方面，在这个过程之中，社群也可以获得变现回报，进而更有活力。这样才能真正实现社群的良性循环。但在实际运营中，社群本身却会不自觉地存在一些不利因素。

比如，目标定位不准确，初期以添加成员的多少为衡量目标，盲目添加成员虽然可以带来人气，但过多混杂的成员也会给社群管理带来困难。甚至导致后期社群混乱，定位失灵。

建立社群不是难事，但运营好一个社群却需要创建者花费不少心思，从初期的定位到具体运营都要从社群总体利益出发。规避某些不良之处，以实现社群生存为前提，再讲个人情怀。而且，还要为社群设定群规，保证社群成员严格遵守。

特别是社群规模比较大时，管理更要有高执行力，才能树立比较好的社群群风，后期加入的成员也会遵守群规。

第5章

社群矩阵：大群养小群，小群促大群

↘ 第一节　两大布局模式

↘ 第二节　社群布局最终目的

↘ 第三节　社群平台布局方法

社群创建者在社群运营规划方面的矩阵方式决定了社群的布局特点，比如，社群是以跨界覆盖的平行模式还是同界核心的递进模式布局？不同的社群布局模式有差异化的呈现方式，这是创建者需要思考的重要问题之一。另外，社群布局的最终目的是什么？提高市场占有率还是超越竞争对手？如何布局？同时，社群运营者也要擅于运用粉丝在社群布局中的作用。

第一节　两大布局模式

社群布局有两大模式，一个是社群平行模式，另一个是社群递进模式。前者是以产业式的形态布局社群，多个领域同时跨界，实现生态体系下的社群布局，后者是专注某个垂直性方向，同界深入，直击核心。布局模式的不同使得社群呈现多样化的生态体系，有的多领域并进，有的专注某个点，重度深耕。所以，社群运营者要针对不同模式采取差异化的运营策略。

 社群平行模式：跨界覆盖，齐头并进

平行模式下的社群是一种生态型产业体系，即以一个目标为中心，围绕这个目标进行平铺式推进。比如，创业型社群，在创业这个平台上，汇聚投资项目、投资融资、贷款风投等多个跨界性内容。

移动互联网、云计算、大数据，这些先进的科技词汇已经融入我们的生活，渐渐改变了生活方式，甚至创业前景，当然也包括社群。社群的平行模式需要跨界覆盖，齐头并进，商业形态也是这样，只有打造一个专属的生态圈，才能玩转商业环境下的社群。

这样的商业和社群才能真正回归本质，充分发挥"人"这个高级别生物的个性化智慧，才能有可能实现个性化发展。当下最主流的趋势之一就是用户主导下的商业模式，也就是说，谁能做到以用户为中心，谁就能获得成功，特别是互联网公司。

社群的矩阵布局也是如此，要在某个中心上汇聚能够引爆燃点的势能，在平台基础上实现更大的跨越。当然，实现这些需要技术的支持，但是云计算、大数据以及依据这些构建的技术丛林，使得单纯的技术问题不再是最大障碍，跨界融合成为可能。

比如，冰箱与迪士尼进行跨界联合，你能够想象吗？2016 年 6 月 16 日正式开园的内地首座迪士尼主题乐园，惊艳亮相上海，与此同时，海尔冰箱成为唯一获得迪士尼经典动漫形象使用权的冰箱品牌。

两家完全不同的企业进行跨界合作，海尔冰箱在全球范围内限量发售 88 台米奇主题的个性定制款冰箱，以此向米奇诞生 88 周年致敬。这是海尔冰箱与迪士尼共同开创的社群生态的跨界模式。

海尔冰箱相关负责人表示："通过与迪士尼跨界合作发布米奇限量版冰箱，是希望这种象征意义的元素能变成一种时尚接入口，连接海尔冰箱 CMF（Color Material&Finishing）趋势与米奇的经典。"

海尔冰箱与迪士尼相结合，诠释了行业间跨界模式的最新概念，社群的平行模式也有其中的影子，即将两个不容易联想起来的事物组合在一起，打造全新的社群跨界典范。

比如，北京语博信息技术有限公司推出的专家汇，是汇集众多专家型人物并提供专家服务的 O2O 平台，通过整合行业内专家们的丰富知识，输送给职场人士，帮助其获得知识进阶。可以说，专家汇是移动互联网时代的学习型社群平台。

专家汇以平台为基础，助力创业团队和中小企业成长，以及拓展专业人士的学习圈和社交圈。而且，专家汇本身也会是行业内的专业机构，保证用户能够在专家汇获得持续性发展。截至 2016 年 1 月，专家汇社群用户群体数量已经超万人，正式会员近 500 人，公众号粉丝也突破万人大关。

专家汇联合线上线下活动，凭借丰富的专家资源为中小企业或专业人士搭建交流沟通的平台，使得社群成员能够获得快速成长，社群本身也以跨界融合的形态获得发展。

社群平行模式区别于社群递进模式，而递进模式的优势和特点将在下一小节结合具体案例为大家进行详细解读。

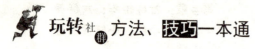

社群递进模式：同界深入，直击核心

成立于 2014 年的馒头商学院，旨在打造新型互联网在线学习社群，以课程培训交流为主要形式，主打方向是产品的运营和营销。馒头，源于英文单词Mentor，意思是指导，提供咨询。

自成立以来，馒头商学院陆续开展一系列动作，比如，互联网实战训练营、小怪兽联盟线下课程、微信订阅号、官网正式上线、馒头微课系列开课以及馒头公开课等。一系列实战课程是馒头商学院奉献给社群成员最好的礼物，同时，馒头商学院也汇集了一批出色的互联网产品运营与营销大咖。

有规划的线上课程，请来业界资深专家，让更多的人学习互联网产品运营知识，可以看出馒头商学院是实力派，而这一切也是馒头商学院创始人王欣的初衷。王欣曾在金山软件任副总裁职务，再加上多年沉淀，使王欣积累了互联网运营方面的丰富经验。创办馒头商学院也是想让更多的互联网职场人给自己的产品运营知识充电。

在吸引粉丝方面，馒头商学院的"爆品"是馒头微课。最初，在微信群里发个听课链接，大家想要听微课只要点击这个链接就能进入，而且支持课后回放。此外，系统还能够支持上万人同时在线，这给馒头微课提供了充足的释放空间。微课也成为馒头商学院的流量入口，以此为基础，吸引了众多粉丝用户。

后来，馒头微课还开通了"在线教室"功能，大家可以在教室里和导师交流，为丰富课程体验，还增加了打赏、送花、邀请卡等互动功能。为完善线上课程内容，馒头商学院开设了"365 成长联盟"，以线上会员付费制，凝聚了一批线上忠实粉丝群体。

在授课内容上，为保证质量，馒头商学院力邀业内知名人士为大家讲课，坚持选择那些真正有"网红"潜质的导师。导师除了有干货外，还要有自己的特点，比如，有的导师是高颜值的实战派，有的走呆萌路线，还有的风格严肃。总之，馒头商学院的导师可以充分激发用户的倾听欲望，感受其独特的人格魅力。

除了微课和导师特色外，馒头商学院还探索出付费模式，因为付费可以为社群筛选出更优质的用户。所以，馒头商学院从最初的线上付费专业课"21 天学 H5"开始，又陆续推出了 20 多门付费课程，主要为用户提供录播和直播两种形式的课程，平均课单价超过 1 000 元。可以说，付费课程是馒头商学院在微课基础上的又一次大胆尝试。

线上课程以及付费课程做得比较成熟以后，王欣又带领馒头商学院相关团队人员向线下方向探索，2015 年推出了开学线下大课，价格为 699 元，800 张门票一天售罄。后来，线下大课模式在各方面逐渐成熟起来，每月一次大课，人均价格在 3 000 元左右，门票平均销量约为 400 张。

门票价格高却依然有用户愿意买单，为什么？因为馒头商学院从课程设置到课程内容再到导师讲课，关注每个细节，满足用户需求，当然会有人买单。此外，馒头商学院还推出了线下小班课程。

基于以上基础，馒头商学院开启了"金馒头"会员招募活动，只需缴纳 12 800 元年费，即可享受馒头商学院的优质课程资源。

馒头商学院以互联网在线课程为体系，打造出了一个完善的社群运营体系，简单来说，就是同界深入、直击核心的社群递进模式，如图 5-1 所示。

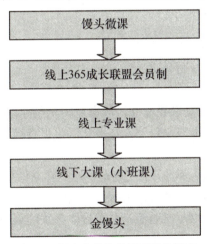

图 5-1　馒头商学院的社群递进模式

围绕一个课题，开展一系列的深耕递进模式，不贪求全，以付费制度检验和筛选用户质量。同时，为用户或会员提供高品质课程，这就是馒头商学院社群的运营体系。社群布局中的垂直结构类型能够快速锁定目标，汇聚用户，吸引粉丝。

这样的社群在盈利方面可以采取付费制度，同时，扩展线上线下渠道，重点探索与社群主题相关的线下服务道路，这样社群就不仅仅是简单的线下分享或交流活动，而是凝聚社群主题的核心性活动，成为社群存在的必要成分。

总之，社群的递进式布局走的是专业化路线，围绕某个特色服务，构建产业链上下游之间的密切合作体系，在基础层，提供免费服务，在高层发展时则倾向付费服务，既保持用户黏性，又有利于实现盈利目标。

第二节　社群布局最终目的

对社群实行全方位布局的最终目的就是让社群能够更有竞争力和生命活力。对此，社群运营者要适时引入社群市场占有率考核指标，对社群在市场中的总体情况有所掌握和突破。另外，还要使社群在规模上快速超越竞争对手，只有这样才能真正赢得主动权。在矩阵布局方面，可以向优秀社群学习，取其精华，比如，雾满拦江全国分会式的社群布局策略，值得社群运营者借鉴和学习。当然，也要结合具体的实际情况。

 引入社群市场占有率考核

每年的 10 月 14 日是世界标准日，也是庆祝国际标准化组织（ISO）成立的纪念日，设立世界标准日是以国际标准化满足世界范围内的商业、工业以及政府和消费者的实际需要。

2016 年第 47 届世界标准日的主题是"标准建立信任"，对此，深圳标准工作领导小组办公室举办纪念大会，同时，中国质量认证中心颁发首批荣获"深圳标准认证"产品。其中，在通信产品类目中中兴的天机 7、努比亚 Z11 获得该认证。

该"深圳标准认证"以国际先进标准、行业专家意见和优秀企业内部标准为参考标准，是具有行业标杆性的认证标准。要想获得该认证，其产品必须经过官方权威部门极其严苛的检测和考验，而中兴天机 7、努比亚 Z11 能够获得此认证，足以说明其质量过硬，技术先进。

而在此前，国际知名手机品牌三星出现质量危机事件，旗下手机产品 Galaxy

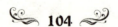

Note7 在发布一个月的时间内，在全球范围发生了三十多起因电池缺陷造成的爆炸和起火事故，这也使得消费者对手机质量的关注度显著提高。

世界标准日的到来也给公众增加了对质量标准的急切期待，希望通过标准化的建立和执行来规避潜在的质量风险。中兴和努比亚手机获得深圳标准认证，无疑给市场增加了稳定剂。同时，高质量、严标准成为中兴突破国外技术性壁垒的重要保证，特别是在俄罗斯市场中，表现强劲。

根据中央电视台新闻频道《朝闻天下》的报道，2016年上半年，中国手机在俄罗斯市场占有率首次超过50%。而且，中兴方面发布的数据显示，在2016年5月，中兴在俄的市场占有率是7.1%，到6月份，则直接飙升至8.9%，排名第三。2016年8月，中兴智能手机在俄罗斯智能手机市场的份额跃升至9.4%，首次超越苹果上升到亚军位置。

中兴手机在俄罗斯市场的强劲表现与其长期实施国际化发展战略，开拓海外市场，强调提高市场占有率有直接关系。而且不仅是中兴，中国智能手机品牌在国际市场上的影响力和市场份额都在不断扩张，比如，华为、OPPO、小米和VIVO等。

美国市场调查企业IC Insights公布的数据显示，2016年第一季度，国际智能手机市场上销量前五名分别是三星、苹果、华为、OPPO和小米，榜单前12名中，有8个是中国品牌。可以说，全球智能手机市场已经被三星、苹果和中国企业三分天下。

虽然现在三星和苹果的市场份额总共只有35.2%，但是要知道，在2012年时，仅这两家就占据了全球智能手机近50%的市场份额。可见中国智能手机品牌的组团性爆发，使得三星和苹果从坐拥半壁江山收窄为三分之一。

全球智能手机市场进入激烈竞争阶段，中国手机品牌企业向海外扩展成为必然趋势，也使得抢占市场份额的任务变得更为艰巨。可以说，谁率先站在了市场份额排名的前列，谁就赢得了胜利。因为市场份额是衡量品牌市场占比的重要指标。

市场份额确实有一定的指向性作用，但市场份额也有自身的特点，即市场份额的数量和质量。市场份额的数量比较好了解，就是市场份额的多少，是从宽度范围来衡量产品市场竞争力的强弱程度，而市场份额的质量能够反映市场份额的含金量。

优化市场份额质量的方法主要是提高消费者的满意度和忠诚度，消费者对产品或品牌的满意度越高，忠诚度越高，其市场份额的质量也就越高。这是区别与常见的以比例衡量市场份额的标准。

市场份额又叫市场占有率，是产品销售总量在市场同类产品中所占的比重，该指标能够直接反映出消费者对产品的满意程度，也代表了产品在市场中的地位。

市场占有率越高，说明该产品对市场的适应能力越强，消费者的购买意愿也越强烈，产品综合竞争能力也越强。所以，企业会非常重视产品的市场占有率。为提高市场占有率，采取一系列措施，从产品到营销再到战略体系都会围绕市场占有率这一核心目标，进行全方位改革和调整。

以公司化的角度看待社群运营的话，社群也应该引入市场占有率这一考核指标，社群是在相对封闭的环境下进行集体运作，社群要为成员提供内容，社群运营者要对社群的各个方面负责，这本身就是公司化模式。

而在社群占有率考核方面，可以从社群内部着手，切入考核指标。社群运营者在提高社群市场占有率指标时，要注意以下三点，如图5-2所示。

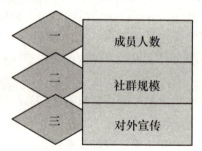

图 5-2　提高社群市场占有率的注意事项

1. 成员人数

有数量才有质量，特别是对初创型社群来说，吸引更多的人加入社群才是当务之急，只有更多的人了解该社群以后，才能谈社群的进一步运营。所以，社群运营的基础性指标就是成员人数。而且要注意不是把人拉进来就代表已经完成任务，社群运营要有一种使命感，要和成员持续培养感情，即使有流失也要迅速补充新鲜血液，保持社群活力。

2. 社群规模

社群规模有小有大，小规模社群不代表市场占有率低。社群运营者要明白，社群能否真正强大起来，关键因素在于质量的高低。可以在体系构建完整的条件下扩大规模，但不以规模为唯一根据，要将社群质量作为同等重要的考核指标，提高社群的核心价值。

3. 对外宣传

一般来说，社群创建者是社群的灵魂人物，具有独特的魅力和号召力，社群在运营过程中，要注意运用这个优势条件，扩大对外宣传的力度和范围，提高社群知名度。

社群成员是社群不可分割的组成部分，而社群活动贯穿于社群运营中，根据以上信息可以得出，社群运营在进行社群市场占有率考核时，要综合分析人数、规模、知名度等指标。以扩大市场占有率为总目标，提高社群整体质量。

如何在规模上快速超越竞争对手

目前，比较成功的社群案例有"死磕自己，愉悦大家"的罗辑思维。趁着"互联网+"的浪潮，社群也逐渐过渡到用互联网思维武装自己的时代，市场中社群的数量越来越多，企业、自媒体也都在搭建自己的社群平台。线上+线下的活动模式成为很多社群的基础玩法。

同时，赋予品牌力量，注重与用户深层次互动也成为社群的新趋势。那如何在数量众多、品类繁复的社群中脱颖而出，在规模上快速超越竞争对手，成为许多社群运营者面临的重大问题之一。明智的社群创建者不会一味地拼人数，而是针对社群的独特性质和目标定位，实施属于自己的社群规模化战略。

在社群真正壮大，遍布全国之前，社群内部需要有一个良好的运作体系，包括社群成员的筛选以及社群规则的制定和实践。总之，构建一个和谐友爱、活力十足的受成员喜欢的社群，才是社群扩展规模的前提。否则，一味地圈地铺摊，只会使社群成为身材臃肿、行动迟缓的"大象"。

一般来说，大规模化运营前，社群还是处于快速上升期，这时，人力和运营成本投入相对比较小，这时，社群创建者就要有意识地为社群搭建运营框架方面的内容，方便以后规模性复制拓展，如图 5-3 所示。

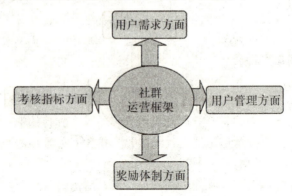

图 5-3　社群运营框架方面的内容

1. 用户需求方面

社群运营者要根据社群定位制定满足用户真实需求的方案，再根据方案落地执行。比如，瑜伽学习型社群产品，目标客户多数为都市年轻女性，用户学习瑜伽是为了实现减肥、健身、提升生活品质的目标，社群运营者就可以从这些需求为出发点，倒推运营方案。

录制瑜伽学习视频用于线上活动，开展瑜伽线下交流活动。此外，还可以穿插养生、插花、绘画、心理学、家庭管理等内容，一站式解决用户需求。

2. 用户管理方面

社群运营者要根据社群和用户的实际情况，充分调动用户为社群服务的热情，特别是一些忠诚的铁杆粉丝级成员。比如，在线上为线下活动招募志愿者，发挥成员的自身资源优势，帮助提高社群运营者的工作效率。为便于社群管理，一个微信群的用户数量要控制在合理范围内，而不是越多越好。

同时，社群要注重对用户的情绪化管理，以情感沟通为主，解决成员的心理负担。做到既有利于社群发展，又激发成员积极性。

3. 奖励体制方面

社群运营者要设计一套奖励机制，可以是现金红包，也可以是实物奖励。

最重要的是这个体系要真正起到激发社群成员的作用。比如，对优质内容的输出者，社群运营者要给予适当奖励，特别是公开表扬，可以增强被表扬者的荣誉感。

4. 考核指标方面

上一小节提到了社群市场占有率的考核指标，而这里的考核指标是侧重于社群内的具体数据。

比如，社群在单位时间内的新增人数、周活跃用户或月活跃用户比例、产品订单量等。社群运营者能够通过这些数据掌握社群运营的情况，有任何波动可以及时监测。同时，对一些不适宜用数据表示的方面，要以实际运营效果说话，如果可行，就继续实施，这个方法特别针对社群运营的初期阶段，有利于把握社群的细节。

以上四个方面是从社群的初期运营阶段出发，概括性地叙述了社群如何构建一个良好的组织体系的切入点。当社群的主要方面经过一段时间的快速发展以后，会进入相对稳定的增长期，再到瓶颈期。这时社群需要有新的爆发点，以延长社群的生命周期，避免进入衰退期。

社群要想在规模方面超越对手，就不能仅在意规模的大小或人数的多少，而是要从框架体系中构建适合社群发展的基础，只要有一个良好的运行制度，就能够实现厚积薄发。

所以，不建议在社群运营的前期就单纯拼规模，这样在后期会给社群造成人力和管理成本剧增的困境。这时，社群要想维持下去必须加大投入，但此时高成本却往往很难带来高收益，造成恶性循环的后果。

比如，社群新增成员的速度放缓，很多社群运营者认为可能是投入不到位，进而加大推广宣传成本，但单纯的宣传半径是有限的，需要有能够可持续循环的传播体系，将社群传达到更远的地方。

如果社群的发言积极性下降，要么是社群的总体氛围沉寂，要么是受困于社群发言规定限制。社群运营者要给成员一定的发言空间，单纯的禁言模式可能会损伤成员在群内发言的热情。也许成员刚刚加入时，热情高涨，希望和其他成员有互动，但社群规定不允许成员随意发言，或全天禁言，时间久了大家就没有太多热情关注社群。但是，如果一味地开放式交流，又可能使社群沦为灌水群、广告群。

所以，社群运营者可能在群内释放一定的发言空间，比如，每天 19 点到 20 点是广告时间，可以允许成员发布正规性的广告链接，但过后也要给大家发个红包，抢到红包的人要在群内说个话，以对发红包的人表示感谢。如果只抢红包不说话，就要采取相应的警告或惩罚模式。

当然，在群规方面，社群运营者要根据社群具体情况设置，既要照顾到大多数成员的意见，也要有一定的限制性。当社群运营得比较成熟，各方面机制比较完善时，可以适时采取社群复制模式。比如，以全国各地的城市为坐标，开办社群分会，定期组织线下活动，还可以进行线上交流。

社群规模的拓展需要充分发挥社群内外资源，激发社群成员的积极性。特别是当社群规模比较大，人数比较多时，更要将社群组织化、规范化。实现社群内的分会既能各自活动，又能够有序联合的效果，这样才有快速超越竞争对手的可能性。

以母婴社群为例，学矩阵布局之法

2016 年 10 月底，第三届"女王计划"真人秀在北京开启落地赛的第一站。"女王计划"是由中国最大的移动女性社区——辣妈帮以及美国补钙专家——迪巧联合举办。此次"女王计划"也是辣妈帮全面开启母婴线下社群路线的一次实践活动。

辣妈帮本身定位于母婴电商社群，从 2012 年诞生到 2016 年，辣妈帮也完成了从 A 轮到 C 轮的融资计划。

国内知名的第三方移动互联网研究机构——比达咨询（BigData-Research）的研究数据显示，2015 年底，辣妈帮的用户认知度位居前三甲。辣妈帮 APP 也以"千人千面"的个性化推荐赢得了宝妈们的认可。2016 年，辣妈帮注册用户量已经超过六千万，日活跃用户数达 420 万，用户月留存率超过 60%（行业平均水平约为 30%）。

辣妈帮根据已婚女性的实际需求，强力搭建"辣妈帮""孕期伴侣""辣妈商城"三个主要平台，为女性的备孕、孕期、分娩、育儿提供全方位的优质服务。同时，主打社交和电商版块，在辣妈帮 APP，用户能够进行话题交流、购物消费以及健康医疗等方面的活动或服务。总之，辣妈帮以女性实际需求为出发点，构建多维度场景下的母婴矩阵布局，打造国内先进的母婴社群生态系统。

辣妈帮在短短四年时间内，成为国内领先的移动女性专业社群，其成功不是偶然，更重要的是辣妈帮具有创新创业的时代精神。辣妈帮 CEO 金赞曾说："在互联网浪潮中，要时刻保持创新的精神，创新是一个企业进步的灵魂，是一个企业发展的不竭动力。但创新创业非一朝一夕之功，勇于拼搏，敢于吃苦，积极投身创新创业实践，在创新创业实践中实现企业的完美价值。"

接下来，为大家从以下三个方面分析辣妈帮母婴社群能够成功的主要原因，如图 5-4 所示。

图 5-4　辣妈帮母婴社群成功的原因

1. 占领行业优势

从 2011 年底着手规划建团到 2012 年 5 月正式上线，当时，国内的 APP 以及专业性的母婴应用还没有大规模上线，所以，辣妈帮预见性地占领了行业优势。经过三四年时间的成长，辣妈帮为用户带来了良好的用户体验，同时，行业内的母婴类应用也先后成长起来，比如，宝宝树孕育和妈妈帮，虽然都各有特色，但是在电商内容方面，辣妈帮还是占据优势。

2. 自身实力强大

辣妈帮创始人金赞是德国海归，有专业的技术背景，辣妈帮创建之初也是以技术为强大支撑。另外，截至 2015 年，辣妈帮已经完成 1 亿美元的 C 轮融资，由唯品会领投，经纬创投、景林资本、晨兴创投跟投。辣妈帮与唯品会的合作以及多位投资人的支撑，使得辣妈帮能够有更强的实力完善线上线下产业链。

3. 未来前景广阔

随着国家二胎政策的开放，以及 85 后、90 后进入孕育高潮，全国每年约有 2 000 万的新生儿。年轻一代的妈妈可能更倾向于现代育儿观念，边学习边育儿。这些因素相叠加，使得母婴行业的总体趋势良好，未来前景广阔。这也是投资方看重辣妈帮选择持续投资的重要原因。

辣妈帮母婴社群从最初的妈妈社交工具，逐渐成长为电商产品，以及后来的母婴类社群，有行业的利好因素，也得益于创始人在社群布局方面的准确预见。

 雾满拦江全国分会式布局分析

2016 年 10 月 23 日，被誉为自媒体大神的著名作家雾满拦江推出个人新书《我不过低配的人生》。这本新书中，既有作者对时代问题的思考和感悟，也为读者增加了看问题的独特视角。期待在复杂而残酷的世界中，启发人们的思考，是一部阐述人生智慧的作品。同时，本书也首次披露了作者的个人经历。

雾满拦江，本名崔金生，是腾云智库重量级的智囊人物，其开办的同名自媒体——雾满拦江公众号已经有近百万的粉丝。同时，雾满拦江这一兴趣社群也在积极探索商业变现的道路。

比如，雾满拦江在 2015 年底获金融界独立投资人千万天使投资，估值一亿，这是继罗辑思维、十点读书之后，又一个自媒体大户顺利拿到大额投资，而此时距离自媒体雾满拦江成立不到两年时间。

在初期，公众号雾满拦江只是同名作家雾满拦江的个人写作传播平台，十几万的粉丝数量，而且多数是老读者。经过后期运营，粉丝数量呈井喷式跳跃增长，而且坚持原创，每日更新。粉丝的回馈是："每天都能从朋友圈里看到雾满拦江的文章，分析透彻，非常有价值。"

在社群布局方面，雾满拦江采用全国分会模式，以城市坐标为基础，以读书、智慧、实践、成长为主旨，倡导在实践中领悟智慧，同时开展综合性的线上线下活动。雾满拦江分会式的社群布局主要有以下三个方面的内容，如图 5-5 所示。

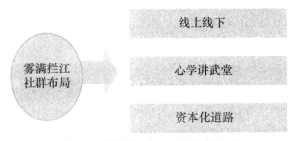

图 5-5　雾满拦江分会式的社群布局

1. 线上线下

雾满拦江在全国各地多个城市确定分会，并推举分会会长，各分会在线下每个月至少有一次活动，在线上大家可以实时互动。线上线下的联合互动以及分会模式可以为同城雾友们提供交流的平台，方便社群成员沟通，探讨相关问题。

2. 心学讲武堂

心学讲武堂是雾满拦江开创的职场线下培训类系列课程，刚一开课名额就被抢购一空，月收入已过 50 万。

讲武堂的名称源于明代心学集大成者王阳明的"知行合一"理论，"讲"即知，理论；"武"即行，实践，"讲""武"结合方能体会奥妙。雾满拦江认为，职场中产生的问题要从人出发，而不是单纯的解决问题。将心学理论应用于职场，纠正人的问题，才能避免产生和激化矛盾，这也是职场心学讲武堂的初衷。

3. 资本化道路

2015 年底，雾满拦江发出资本召集令，意在打造 O2O 培训第一平台，并且成功获得千万投资。这说明，心学讲武堂是受粉丝欢迎的，而且，雾满拦江社群的 IP 化自媒体道路也得到了资本认可。以自媒体为载体，以社群为运营模式，聚集一批有着共同价值观的用户，这就是雾满拦江的资本化转型道路。

目前，雾满拦江公众号有近百万粉丝，而且，粉丝质量高，购买力和用户黏性都比较强，是微信公众号的实力派，从最初的个人写作平台，到粉丝聚集地，再到城市分会，雾满拦江实现了社群的立体化矩阵布局。

第三节 社群平台布局方法

社群平台的布局方法主要有三种，分别是设立媒体宣传通道、建立微信群QQ群吸粉池和铁粉池。第一个方法的重点在于扩展宣传推广渠道，提高社群知名度，让更多的人知道了解社群。第二和第三个方法的切入点是粉丝，以粉丝经济带动社群发展，特别铁杆粉丝，是支持社群发展的重要有生力量。社群运营者必须注重筛选和培养社群的铁杆粉丝群。

 设立媒体、自媒体等宣传通道

写文章特别讲究谋篇布局，作者要从主题、所给材料以及文体入手，讲究策略方法。而社群也是一样，建立社群矩阵也讲究"谋篇布局"。比如，在规划中巧妙地借助外界力量实现突破性成长，这里的外界力量就包括媒体、自媒体等宣传渠道，扩散知名度，让更多的人知道了解社群。同时，可以借鉴营销领域中的成功案例，汲取精华，用于社群平台的宣传布局。本小节就以蒙牛的对比性营销为例，讲述一下如何运用媒体的营销力量实现突破。

在乳制品行业使用对比营销最成功的案例之一就是当年蒙牛的崛起。蒙牛在初期，面对伊利这个乳制品行业的巨头，无论是工厂、品牌还是市场，确实没有太大优势。对此，蒙牛巧妙地将自己与伊利捆绑在一起，"为民族工业争气，向伊利学习""争创内蒙古乳业第二品牌"等口号。

从消费者看来，蒙牛是虚心向竞争对手学习，从营销角度看，蒙牛此举顺利地借助伊利的名声将自己推出去，而且，行业第二的口号也让自己巧妙地避开了其他竞争对手，主动为自己谋得行业第二的位置。这就是对比营销，巧借行业第一为自己做宣传。

此次蒙牛对比营销的核心是巧妙地借势宣传了自己，因为有了伊利这个乳制品行业老大的衬托，在市场竞争中，自然也突出了蒙牛，其后产品、服务、品牌、售后、渠道或者是价格等各方面都存在对比反差，而这也正是蒙牛想要的结果，以及开展营销活动的突破点，既能对标竞品，又有利于树立行业规范，让消费者一目了然，进而引导消费者的消费决策，购买蒙牛产品。

正确的营销布局使得蒙牛迅速崛起，从初创业时的 4 365 万，做到了行业冠军时的 213.18 亿。但是从 2011 年到 2015 年伊利实现了扭转，并且逐渐落下蒙牛一大截。2015 年伊利销售额比蒙牛多出 110 亿，前者高达 603.6 亿，后者则下滑至 490.265 亿。但是，伊利与蒙牛仍然遥遥领先行业第三名光明乳业。

虽然蒙牛与伊利的距离落差逐渐拉大，但当初蒙牛崛起时的营销技巧却仍然值得学习，对竞品对标，跨过第二名直接比肩行业第一，确实需要很大的勇气和策略布局，实现直线超越。

具体到社群布局内容中，蒙牛的案例只是抛砖引玉，可以借鉴但不能照抄照搬，重点是了解营销策略的重要性，同时，在其中也要巧妙地借助宣传的力量。而社群媒体性商业模式也要遵循以下三个原则，如图 5-6 所示。

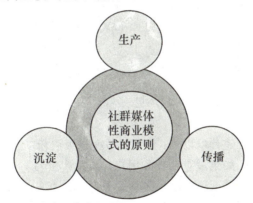

图 5-6　社群媒体性商业模式的原则

1. 生产

现代不缺乏任何产品，用户可以在琳琅满目的超市任意挑选自己喜欢的商品，所以，生产不是问题，关键是为谁生产。当社群只负责生产，而成员拒绝围观或购买时，那这样的社群媒体性商业模式是有很大问题的。生产要面向消费者面向成员，才是真正意义上的生产，包括社群宣传内容和实质内容。

2. 传播

花的香味通过扩散传播，能够吸引远处的蜜蜂采蜜，因为蜜蜂接收到了花香的信息。社群的宣传也是一样，要有准确的传播才能精确地送达给用户，特别是社群外部的围观者或不知情者。

完成这个传播过程可以依靠两条途径，一个是社群成员间的内部传达，另一个是其他媒体平台，比如，某个科技媒体报道了社群的最新动态。但是，要注意的是可以依靠其他媒体平台，却不能依赖。当然，实现全网传播并不是件特别困难的事情，重要的是社群运营者能够合理布局，直击重心。

3. 沉淀

社群可以输出优质内容，传播和吸引用户，同时也要注意沉淀，包括信息沉淀和内涵沉淀。有积累和沉淀才能总结社群所走过的路，才能明白未来社群的方向。

社群平台布局的第一个方法就是设立媒体、自媒体等宣传通道，将社群中的成员与内容元素互动起来，形成媒体传播的全链接，这样才能打通宣传通道，实现社群的高效传播。

 ## 设立微信群、QQ 群吸粉池

社群创建者在创建社群以后，首要任务就是吸引粉丝，因为社群本就是"乌合之众"的聚集地，如果没有粉丝和用户，社群也就没有存在的意义。同时，在初期借助不同的平台聚集一批种子粉丝是非常必要的，最便捷的方式就是设立微信群、QQ 群吸粉池。通过微信群、QQ 群让大家彼此了解，知道这个社群有什么样的特色，是做什么的。

社群创建者如果以微信群作为社群的运营平台，开展营销方案的第一步就是吸引粉丝，特别是真实粉丝的数量。当然，在初期可以不必过分纠结粉丝的数量。下面，为大家介绍一下运营微信群吸粉的四种方法，如图 5-7 所示。

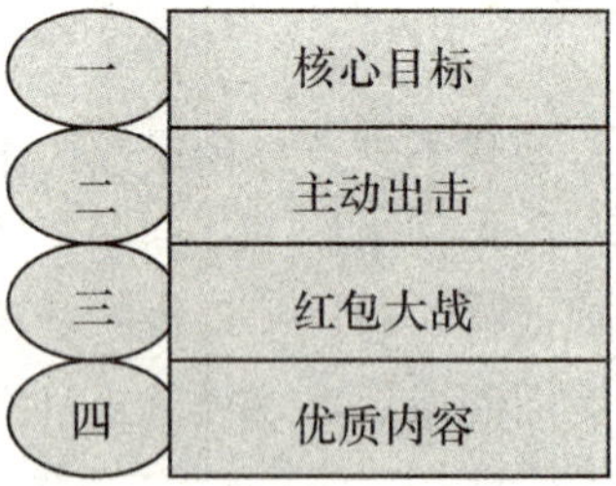

一	核心目标
二	主动出击
三	红包大战
四	优质内容

图 5-7　运营微信群吸粉的四种方法

首先，核心目标。微信群要与优质内容对接，坚持以"吸粉+内容"为核心目标。社群运营者在微信群吸粉初期，要善于利用外部网络资源增加自身微信群的曝光度。比如，可以根据优质内容选择合适的平台投稿，向比较大的自媒体平台进行投稿。在遵守平台规则的同时，适当展示自己的微信群的关键信息。

比如，作者名字、微信群 ID、微信群二维码等，这样有助于把目标用户引流到自己的微信群。同时，社群运营者也可以在微信群中开展各类线上活动，巩固已有粉丝基础。

其次，主动出击。社群运营者还可以加入某些微信群、QQ 群，或者寻找能够互推的公众号等。选择适当时机宣传自己的微信群。运用这些渠道将自己的社群推出去，让更多的人关注微信群吸引别人的注意。

再次，红包大战。2015 年春节，微信高调开启"红包大战"，这种方式虽然简单粗暴但确实有用，抢红包的热潮，为社群带来了一种爆发式增长。社群成员迅速增加，活跃度暴涨，许多新人通过各种渠道加入社群，即使在这场"抢红包大战"中只有几毛钱的现金奖励。

最后，优质内容。社群运营者要注重微信群的内容输出，强调该微信群能够为用户提供的有价值信息，并且，引导粉丝关注分享推荐给其他人。微信群执行者可以对有价值的内容巧妙地植入营销元素。

以上四种方法介绍了社群运营中如何运用微信群设立吸粉池，而运用 QQ 群吸引，其道理相通，比较简单的方式就是添加 QQ 群，添加 QQ 群的方法也很简单。只需要输入关键词，寻找目标客户群，比如，在 QQ 群搜索栏输入"户外旅行"，就会出现很多相关的 QQ 群，还可以设置年龄、人群等属性。另外，我们也可以根据腾讯已经设定好的 QQ 群组分类，寻找合适的 QQ 群，然后点击加入。

这是社群运营者通过 QQ 群主动寻找目标客户，如果社群本身的线上运用平台就是用 QQ 群集结粉丝，就需要主动出击，对自己的 QQ 群进行宣传推广。比如，一个 Excel 表格学习型社群，在初期要吸引粉丝加入，就可以通过在与 Excel 表格相关的 QQ 群中寻找粉丝，吸引其加入自己的社群。

很多社群创建者在选择自己的线上运营平台时，都会选择微信群或 QQ 群，但社群创建要明白这两种方式各有什么特点，适合何种类型的社群。

微信群能够迅速将有相关话题性的人聚集起来，比如面对面建群，其特点是即时互动、沟通方便，群主和成员的等级特征不明显。而 QQ 群就是一个比较规范的组织体系，群主有权力允许或拒绝成员加入，而且，QQ 群成员需要遵守群内规定，触碰底线会被群主踢出群，等级关系非常明显。

结合社群偏向强调价值观认同的特点来看，微信群比较适合成为社群的运营平台，特别是建立时间比较短的社群。社群创建者在宣传自己的微信群时，可以让大家扫描二维码快速添加，也可以由其社群成员互相推荐，直接添加，不需要群主通过。比如，在亲缘关系中，可以将亲戚们集合在一个微信群中，拉近关系。

但 QQ 群也凭借自身的规范系特征，适合于创建时间比较长、管理体系比较成熟的社群。QQ 群对成员的管理权限正好可以弥补微信群的弱管理特征，对社群成员进行规范性管理。比如，社群成员要想加入 QQ 群需要通过群主进行身份验证，群主还可以规定所有成员的名称要按照统一格式修改。这样做的好处是方便管理。

另外，在社群运营过程中，社群创建者可以针对社群的核心成员组建额外的 QQ 群，也可以将微信群的成员按照一定标准转移到 QQ 群中。

从吸粉角度看，微信群、QQ 群确实是吸引粉丝的最佳平台，但不限于这两种渠道，论坛、贴吧等也可以寻找到合适的粉丝。而在社群运营方面，微信群和 QQ 群也都各有优点，既可以单独使用，也可以交叉运用，社群运营者可以根据实际情况灵活选择。

设立铁粉池

美国作家、《连线》杂志的创始人凯文·凯利（Kevin Kelly）在《技术元素》一书中提到"一千个铁杆粉丝"理论。该理论认为，"创作者，如艺术家、音乐家、摄影师、工匠、演员、动画师、设计师、视频制作者，或者作者——换言之，也就是任何创作艺术作品的人——只需拥有 1 000 名铁杆粉丝，便能糊口"。

在这里，铁杆粉丝指的是无论你创作出什么作品，都愿意付费购买的人。这些人会在互联网社交平台关注你发表的任何消息，会只为听一场你的讲座，坐飞机从深圳到北京。

所以，社群要找到这一千个铁杆粉丝，设立铁粉池，因为这些粉丝可以为社群做出实际贡献，购买门票听、线下讲座等，会主动将社群介绍给其他人，成为口碑营销的传播者。如果一个社群能够使铁杆粉丝的数量增长上去，从 10

个到 500 个再到 1 000 个甚至更多，社群必定会超越竞争对手，成为深受粉丝支持的优质社群。而这也是社群创建者想要达到的目标之一。

一般来说，获取粉丝的流程有以下三步，首先，从众多的潜在用户中挖掘粉丝；其次，通过产品或服务使其成为忠诚用户；最后，通过重复购买、提高产品体验等成为铁杆粉丝。

实际上，社群要吸引铁杆粉丝的过程比较困难，要面临的状况会更复杂。这也就是很多社群的用户数量不少，但铁杆粉丝比例却非常低的原因。因为铁杆粉丝是对社群有高度价值认同感，愿意付出时间成本投入精力予以关注的人，这样的超高忠诚度用户也往往是伴随社群成长的人。

接下来，为大家介绍一下打造铁杆粉丝群体必备的四个因素，如图 5-8 所示。

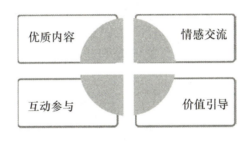

图 5-8　打造铁杆粉丝群体的必备因素

1．优质内容

不管社群的垂直定位倾向于哪个方向，能不能按时按量输出优质内容是社群运营成功与否的关键因素之一。成员加入社群，还要为其付费，就是因为有等值的优质内容输出。比如，专业学习型社群，自然要推出有价值的文章。如果是在线课程，要有能提供干货的讲师。

什么是有价值？主要的评判标准当然是社群成员的评价，对成员有实际帮助就代表产生了真实价值。比如，在微信群看到一篇有内涵的文章，多数社群成员会自动转发到朋友圈，如果这种优质内容能够定期发送，会让社群成员形成效果依赖，期待着有内容更新。

可以说铁杆粉丝对社群的意义远大于无条件地购买产品。比如，有 1 000 个人购买了社群产品，但这 1 000 人不是铁杆粉丝，那产品只卖了 1 000 份。如果有 100 个人是铁杆粉丝,经过这 100 人的口碑传播,会吸引 1 000 人甚至 100 000 人进行购买,进而成为社群的潜在受众,那产品的购买量就不可计数。对社群产生裂变式效应就是铁杆粉丝的意义所在,其影响力可想而知。

这是培养铁杆粉丝的过程,也是社群运营的内容,所以说,打造铁杆粉丝的过程也是社群成长的过程。

2. 情感交流

人是有思想的高级动物,有情感有情绪波动。所以,社群运营者也要从这个角度出发,在社群的范围内,为成员提供情感交流的平台,与成员进行情感互动。有了优质内容的要素,再加上情感这个天然增稠剂,当然能够成功打造一批铁杆粉丝。

比如,在微信群中,社群中有专门的客服人员与成员交流,解决学习过程中的问题,有建议和意见时可以找社群的专门负责人。这就能传递一种信号,即这个社群是注重成员的情感,愿意与成员共同成长。如此有温度的社群,当然会让用户动心。

3. 互动参与

可以说,小米就是非常追求互动参与感的典型案例,小米每年都会隆重举行米粉节,开展线下的同城活动,甚至将米粉的建议直接引入产品研发中,可见小米对参与感和归属感的重视。同时,这也为小米凝聚了一大批忠诚的铁杆粉丝。2016 年米粉节期间,创造了 7 天总销售金额突破 18.7 亿元的成绩,多款产品一上线就被抢购一空。可见米粉们的强大购买力。

4. 价值引导

社群本身就是有着相同价值观的人的聚集平台,同时,价值引导是比内容和运营方面更高层级的思想渗透。社群用一种高度认同的价值观对社群成员形成价值引导,以共同的兴趣爱好为结合点,启发思维。用户能够升级成为铁杆粉丝也是因为其思想与社群价值形成了深度融合。

很多社群正在或已经建立了自己的铁粉池,就是在扩大和加深社群对内对外的影响和渗透力,有着忠诚的铁杆粉丝队伍,并不断壮大,是社群平台布局的重点内容之一,也是社群运营的主要目标之一。

第6章

吸粉阶段：从外部引入流量，自动与被动涨粉方法

➘ 第一节　吸粉四大模式

➘ 第二节　吸粉平台性渠道

在社群吸粉阶段，社群运营者要注重借助外部的资源，为社群引入流量，实现自动与被动的双向涨粉效果。其中，可以从社群吸粉的四大模式入手，吸引成员加入，比如，价值观引导、资源互换、鼓励推荐、有偿推广以及门槛准入模式。四大模式各有优点，社群运营者可以结合实际情况使用。另外，在借助平台方面，需要引入外部渠道，包括腾讯系的微信公众号和QQ，百度系的文库和贴吧，还有论坛和主动转发等。

第一节　吸粉四大模式

社群吸引阶段需要从外部大量引入流量，实现涨粉目标，本节就这一核心目标探讨吸粉的四大模式。以价值观引导是最具有战略意义的吸粉模式，被某种价值观吸引进而成为社群成员的粉丝，对社群会有强烈的认同感和归属感。而资源互动和鼓励模式则强调社群成员之间的互动，另外，有偿性推广是最直接也最见效的吸引模式。门槛准入型的吸粉模式具有筛选功能，能够自动截留不符合条件的成员。

 以价值为导向去吸引成员加入

移动互联网时代，社群有了新的切入点和商业价值，最明显的就是社群的粉丝们，以及这些粉丝带来的商业购买力，也就是我们常说的粉丝经济。社群为什么要花费工夫下大力气吸粉？因为只有有了足够的粉丝，才能使社群保持活力和原动力持续发展下去。如果一个社群只是社群工作者在支持，那不是真正的社群，要有粉丝，特别是足够多的铁杆粉丝，才能使社群处于良好运转状态。

所以，本小节就为大家介绍第一种吸粉模式——以价值观为导向去吸引成员加入，简单来说就是以粉丝经济和社群经济的融合力，搭建社群运营的人气支撑和商业循环。在此之前，要先理解粉丝经济和社群经济。

有人说，只要用户群体够多够大那就是粉丝经济。像百度贴吧、豆瓣和知乎的注册用户不仅数量很多，而且，核心用户与群组的数量也很多。但是它们不算是粉丝经济，只是话题的集合体，是普通的社区经济。

首先，粉丝经济是建立在互联网这个包罗万象的平台之上，由于互联网本身的开放自由、移动共享的形态构成了粉丝经济存在的基础条件，有了这个基础条件，个体因为某种爱好和兴趣集合起来，形成了特定范围内的小圈子，这是社群的雏形。

其次，随着知识经济、移动互联网的发展，中国的原创文化生态有了新的发展，偶像级人物从明星扩展到社会公众人物，体量扩张，粉丝从普通的消费者上升到更高级的具有强大购买力的特定群体，才形成了粉丝经济。

最后，在运营方面，当粉丝经济与社群连接在一起，社群就有了新的活力。包括在 QQ 群或微信群，社群的粉丝会非常活跃，因为需求有了释放的端口。

比如，一个普通粉丝可以在微信群和大咖直接对话，询问想了解的。又或者是大家集体抢红包，哪怕只抢到一分钱，也会获得十足的心理满足感，因为重点不在于抢到了多少钱而在于这个过程，而这些情况在以前是很难实现的。同时，在客观上，也大大刺激了微信群的活跃度。

既然粉丝和粉丝经济如此重要，社群创建者和运营者就要以吸引粉丝为重要内容，运用各种有效模式实现吸粉目标。因为有了足够多的粉丝支持，社群经济也才会有蓬勃发展的可能。

同时，我们要深刻理解粉丝经济的内涵才能区别粉丝经济与社群经济，对粉丝经济我们可以用一个场景来说明。比如，一位当红明星举办世界巡回演唱会，当天晚上由于一些特殊原因活动取消，在场粉丝们得知消息后只能回家，即使有其他大牌来救场效果也不大，因为大家都是来看这个明星现场唱歌的，谁也不能代替独一无二的他。

而且，即使在现场，明星一个人对台下成百上千人，这种一对多的关系决定了粉丝与其偶像不可能实现有效的交流。一旦这个明星被爆出有某些严重的负面消息，比如吸毒，那其作品以及产品代言等都会受影响，粉丝也就不买账了，瞬间粉转黑。

所以说，这种一对多的经济关系相对很脆弱，很可能因为某些事情而瞬间瓦解。在这个关系中，明星自身对粉丝形成向心力，一旦这种向心力被打击或缺失，那结构坍塌就成为必然。

相比粉丝经济，社群经济以高度融合兼具自由闭合的柔性特点，成为现代经济组织形态的新兴力量，比如，大家因为喜欢相声而聚集在一起，在社群内大家可以自黑，每周固定表演，分义务和商业两种。

社群成员可以互相交流探讨，也可以推荐介绍外围人进入，扩大社群力量。这样的社群是呈放射状多点互连的结构，不会因为某个点的缺失而失去向心力，只要在这个凝聚力范围内，社群就可以自行运转，自成生态体系。

而且，在社群体系内，大家以相互感染的传播力形成不可小视的购买效应，因为在社群内有个大型活动，如果社群里的小伙伴都在购买某个产品，这种氛围本身就可以形成购买效应，带动更多的人掏钱。

回归到社群粉丝中，以价值为导向的吸粉模式就是要形成这种自我驱动的有稳固结构的向心力，向成员或外围"群众"传递一种价值理念，而不是苦口婆心的劝说。

以价值为导向就是要形成某种氛围，在这种氛围感染下成为社群粉丝，购买产品。同时，社群运营者在使用此种吸粉模式时，可以从以下三点入手，如图 6-1 所示。

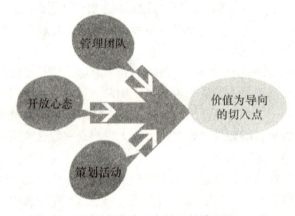

图 6-1　运用以价值为导向的吸粉模式的切入点

1. 管理团队

要想让别人成为自己的粉丝，社群就一定要严整有序，能够将活动办出好的效果，其中社群的管理团队的质量起着关键性作用。无论是社群创建者还是运营者或者志愿者，要有高度凝聚的向心力，愿意为社群建设做出贡献。同时，管理团队中要有核心的灵魂人物指导社群的各项工作，一般都是由社群创建者担任。

只有统一高效的管理团队才能将社群的各项工作做好，进而形成一种价值观，使路人变为粉丝，甚至是铁杆粉丝。

2. 开放心态

价值观属于思想层面的内容，但可以通过精神面貌展现出来，具有开放精神的社群是活跃而有感染力的，因为社群会以海纳百川式的心态接纳众多成员，限制性非常小。同时，还能够和其他社群共同合作，吸引更优秀的人才加入社群，这本身也是一种价值观方面的吸引力。

3. 策划活动

社群运营的一大内容就是社群活动，所以，社群要想实现吸粉目标可以从活动入手，特别是配合社群的主题活动，使参加者能够在活动中感受到社群氛围。优秀的活动策划对社群的发展至关重要，不仅可以带来粉丝，也可以完善社群管理工作，为社群搭建更广泛的发展平台。

以上三项就是以价值为导向的吸粉模式的基本切入点，实际社群运营中还会有更多更好的吸粉模式。当然，吸粉是目标但不是最终目的，将粉丝吸引过来以后，要将其转化为实际的购买力，这就与社群变现相嫁接。总之，实现吸粉目标需要结合各方面情况，以社群大局出发。

 资源互换：两个社群互换成员

社群吸粉模式的第二种就是资源互换，比如，将两个社群的成员互换，壮大彼此的团队力量，达到1+1>2的效果。如果一个社群和多个社群采取资源互换的方式，相当于以一个点与其他点呈现放射状的互联状态，会极大增加社群成员队伍。在扩大队伍的同时，社群运营者要做好社群管理工作，对新加入成员进行疏导，避免扰乱队伍的整体秩序。

比如，一个母婴类社群群主会聚集其他类型的社群群体，在固定时间邀请其他社群成员加入本社群，还可以享受限时优惠或者赠送入群礼品。或者是一些自媒体人在自己的媒体平台邀请精准粉丝加入特定社群，这些都属于资源互换范围内。

为了增加互换成功率，社群运营者要给予一定的利益补偿，比如，对入群新人发红包，或者给予社群的管理岗位，又或者是提供社群自身资源而且正好是新人需要的。总之，要想收获就要先有付出，这样才能在相对平等的条件下获取更多的粉丝。

在互换成员的同时，社群运营者也要思考为什么别人愿意加入的问题，除了有实际利益的引导外，社群还能够提供哪些有价值或有意义的内容。比如，加入这个社群，成员能够找到志同道合的好朋友，可以通过分享获得成长，也可以是帮助社群成员自己实现了价值。这些都是比实物利益更有价值和吸引力的东西。社群运营者可以以此为宣传点，吸引新人加入。

除了成员主动加入，社群运营者还可以运用社群自身资源对外形成吸引力，吸引粉丝加入。比如，社群群主本身就是某个领域的达人，或者是社群有专家资源，能够为成员进行持续的价值输出，可以是资深运营推广专家，精通 SEO 的大咖、微博达人、知乎吧主等。这些人本身就有很多干货，可以提供给成员或者有条件地对外分享。

如果一个路人网友，想了解网站建设和运营方面的内容，而社群内正好有这方面的资深达人，这样的"利益"引导当然可以吸引路人网友加入。这样就形成了社群资源输出，对社群成员开放分享的双赢模式，聚集效应也会越来越强。

所以，社群没有太多价值输出的话，很难对成员形成持久吸引力，即使短时间内有成员加入，之后在社群内无法得到想要的内容也会选择退群。但是，社群运营者也要明白过犹不及的道理，一味地倒出干货并不是万能的办法，主要还是平衡好各方利益。社群成员要有所获得有所付出，社群也是这样，过度投入会加快进入衰退期。

所以，要在生命周期内完成社群的各项任务，同时最好在进入衰退期就为社群找好新爆发点，只守住单一产品或资源并不能完全阻挡社群的衰退。这也就是为什么社群需要不断增添新成员，强调资源互换的原因之一。

事实上，人们会在必要的劳动支出以外有非常多的价值剩余，特别是知识和时间盈余，而这些盈余当然可以用于分享和再创造更多价值。

比如，一位资深的业界专家，可以在社群内向大家分享近期的行业动态以及自己对趋势的看法，这种思想层面的内容也是一种价值再创造。同时，社群成员可以获得知识内容，启发思维，就是共享经济。社群为实现共享经济搭建了最适合的平台，而且在这个平台可以容纳无限成员共同分享。

2015 年年初，滴滴打车与快的打车宣布合并，2016 年 8 月，滴滴出行和优步中国突然合并，不到两年时间里，滴滴开启了两个大幅度的合并计划。收购方宣称并购会产生"1+1>2"的效果。

但事实上网约车行业大佬一系列的合并方案使得乘客端的打车优惠逐步收窄。在过去，中国出租车成为交通领域行业内的霸主，但滴滴、优步的问世打破了由出租车或租赁公司控制的传统租车领域现状，也使得用户确实享受到了叫车、专车方面的优惠服务，可以说网约车开创了个体用车领域的新入口。同时，网约车行业的发展也显示了共享经济这种新的商业模式。

根据相关数据统计，到 2025 年，全球共享经济的市场规模将达到 3 350 亿美金，年复合增长率达到 36%。

狭义上讲，共享经济指的是以获取报酬为目的，闲置资源的使用权让渡给他人使用的经济模式。在共享经济条件下，分享者既是资源的所有方也是供应方，最直接的好处是有效激活和动员社会沉淀资源，使资源得到优化配置，有利于供求平衡。比如，滴滴出行的顺风车就是很好的例子，总体来说，共享经济模式能够带来两方面的效果，如图 6-2 所示。

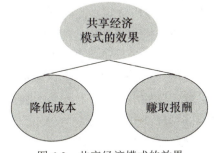

图 6-2 共享经济模式的效果

一是降低成本。共享经济模式下，人们将闲置资源贡献出来，将使用权暂时让渡给需要的人，并收取一定报酬。比如，滴滴顺风车车主在下班路上顺便搭载一位乘客，既不妨碍回家，而乘客也能够获得便利，总之，少花钱多办事。

二是赚取报酬。具有使用权的人开启新的收入方式，可以通过借出闲置物品赚取收入，带来了新的收入分配方式。

从某种角度看，资源互换不仅是社群之间成员的互换，社群内部的成员聚集在社群这个平台，进行各种合作，本身就是一种资源互换。再通过社群成员的深度合作，资源互换会进入一个更加广泛的层次，同时，加上移动互联网的助推，资源互换会创造出更大的商业价值。

这是在社群内部看待资源互换的问题，而在社群外部，资源互换可以有更广阔的发展空间。比如，人脉型社群，社群成员本身自带很强的资源势能，如果社群内部有资源盈余，而其他社群没有，就可以将这些成员聚集起来的资源势能与外界互换，形成资源互换，在这个过程中，自然实现吸粉目标。

 鼓励模式：动员成员邀请新成员加入

2016 年 10 月 25 日，微信发布最新版本（6.3.28 版），此次腾讯对微信群进行了两项功能升级。一是微信群群主可启用"需群主确认才能邀请朋友进群"功能。也就是说，群成员不能随随便便拉人进群，需要群主进行认证，也代表群主将对群成员拥有更高的管理权限。

二是群聊页面添加了收款功能，而且，系统还可以对超过 24 小时未付款的成员自动发送系统提醒，无须群主一一催款。此项功能可以满足微信用户更多的金融需求。比如，AA 支付、收班费等。此前，微信已经上线了 AA 收款功能，用户只要根据提示完善相关操作流程后就能发起 AA 收款。

此次微信群功能的升级也显示了腾讯对微信群管理结构的升级，特别是第一项功能，赋予群主更多权限，也代表了成员可以随意拉人的时代已经过去。这样确实解救了不少微信群运营的小伙伴，特别是人数众多的微信群，如果有人随意拉人进群，确实不好管理。

但是，赋予群主权利的同时也带来了一个麻烦，比如，要建一个 500 人的大群，就需要群主不停确认，而不是像过去一样，成员有权利直接添加新成员。

在社交工具中，针对用户开展和制定各方面的应用功能非常重要，也很常见。同时，在运营方面，不同的社交工具有不同的倾向。比如，QQ 群就是典型的金字塔状管理形态，群主、群管理员和普通成员分别位于金字塔的塔尖、塔中和塔基。形成一个比较牢固的三级结构，其中群主拥有的权限最大。

而微信群的管理形态则是群主和普通成员，相比 QQ 群缺失了中间管理员这一环，微信群由群主直接管理整个群的运作。此次腾讯给微信群增加了确认权限，相当于给群主多了一项权利。

如果将微信群看作一家公司，这家公司的 CEO 就既充当了顶层管理者角色，又负责具体事务的运营，直接管理群成员。当公司规模比较小时，CEO 有精力管理和开展日常工作，但是当规模扩大到几百人时，只有一个 CEO 很可能会比较吃力。

CEO 也可以授权给某个比较优秀的群成员管理群内事务，但是具体到添加新成员问题时，还是需要 CEO 出面确认，仅就这一点来说，微信群的功能升级似乎并没有太大用处。

当然，这不是否认微信在功能改善方面的探索，总结来看，微信群增加群主"邀请确认"功能确实能够在一定程度解决群内问题，比如，广告泛滥、闲聊插话等。而且，"群收款"功能可以使支付更贴近使用场景，在工具属性方面增加微信的个性化特征。归根结底，社群运营还是要从内部根源做起，抓质量，添活力。

和微信群类似，社群在添加新成员方面也要有自己独特的使用场景，本小节探讨的重点就是以鼓励模式为主，动员成员邀请新的成员加入。

比如，驾驶爱好者卢致刚是某个汽车社群的一级管理员，负责北京地区的汽车车展方面的社群事务。平时，卢致刚会在社群论坛撰写分享一些关于汽车的信息，内容涵盖整车、汽车零部件修理保养、趋势研究等，也会主动策划参与线下活动，和车友进行深度交流。2016 年下半年，社群的重点工作内容之一就是吸引新成员加入，壮大社群力量。面对"指标性"任务，卢致刚主动联系自己在车展和户外活动中认识的一些朋友，有些关系比较好会直接问是否愿意加入社群，对关系一般的朋友，卢致刚会从侧面打探，进而引导对方，最后主动邀请其加入社群。

甚至有些同事会直接向卢致刚询问加入汽车社群有什么条件，主要是因为和卢致刚比较熟悉，相信他，再加上社群的整体声誉确实不错，所以愿意加入社群。不到三个月时间，卢致刚便顺利完成任务。

像卢致刚这样以自己的力量去动员邀请身边人加入，就是运用身边的人脉关系，发展新成员。对社群运营者来说，动员自己的成员邀请新朋友加入，最主要的好处是这些成员非常熟悉社群规则和氛围，能够以亲身感受为说服力，邀请新人加入。同时，在激励心理的影响下，人会发挥自身能动性，克服困难完成任务，所以，社群运营者可以从鼓励模式着手，建立激励机制，动员成员主动做传播者，宣传推广社群。

既然是激励，就需要有实质性的激励内容，从总体上来说，包括精神激励和物质激励，比如，给予顺利或超额完成任务的员工薪酬等物质性奖励，或者赋予某种勋章荣誉等精神性激励。那具体来说，社群运营者可以设置哪些激励方法，如图6-3所示。

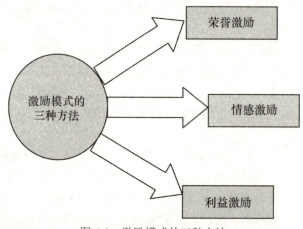

图6-3　激励模式的三种方法

1. 荣誉激励

关于荣誉激励方面，目前最主要的方式是积分体系和等级制度，比如，将邀请成员作为"硬性指标"，成员邀请一个成员可以获得相应积分，以及对应的等级升级体系。并且，在社群网页的显著位置明示，用以激励成员邀请更多的新成员加入。

这种做法类似于销售型公司对员工的激励，但是在社群运营者不能照抄照搬这种销售型做法，还是要结合实际情况做出更人性化的激励方案，最好是激发成员为了获取荣誉而战。

2. 情感激励

像前面提到的卢致刚的案例，就是社群成员运用自身资源邀请新成员加入的典型。同时，也可以组织社群的活跃成员为一个小团体，共享资源，开拓更广泛的人际关系网，进而吸引外围用户加入，成为新成员。

3. 利益激励

人的趋利本能决定了利益激励，对很多人会起作用，比如，只要成功邀请一个新的成员，邀请者可以获得现金奖励或物质奖励。这种最简单的激励方法往往也是最有效的。

不同的激励模式会有不同的激励效果，社群运营者要区分各自的差异和作用，新成员的加入当然可以壮大社群队伍，但社群也不是规模越大越好，最重要的还是质量问题。所以，社群的吸粉目标能否实现，到什么程度，社群创建者和运营者必须要有总体把握。

有偿推广：组织队员发布入群信息

上一小节提到了鼓励模式下吸引粉丝的方法，本小节则以有偿推广模式解读吸粉之术，有偿的含义也非常明确，就是对工作的人给予一定的回报，特别是现金等物质性奖励。

有人说，社群里不是有义务工作的志愿者吗，可以发挥这些人的力量做社群工作。社群志愿者当然可以承担一部分社群工作，但是这种方式并不是主流和具有持续性的办法，因为社群运营是非常复杂和有技术含量的工作，需要有专业的人投入很多精力。

但是，绝大部分社群成员都有自己的本职工作，不能指望让大家不工作为社群义务做贡献，所以，要奖励那些为社群运营投入很多的人，不能总是依靠奉献精神让大家义务工作。

比如，社群可以运用众筹模式为社群筹集日常运作的基金，一个月 20 元的社群运营费，或者是每年 300 元的年费等，由专人保管使用，定期公示费用明细。如果社群成员是 300 人，那每月会有 6 000 元的收入或 9 万元的年收入，依靠这些稳定进账足以维持社群的运转。当然，具体数额可以根据实际情况确定，不能太多也不宜过少。

社群有了稳定的日常收入，各项开销也都有明细，这样社群的财务状况就会相对透明，让成员都知道这些钱都用在哪里。既不会增加大家的经济负担，又可以保证社群运转。

解决了财务收入问题，接下来就要开展具体的吸粉工作，比如，社群运营者可以组织成员发布入群信息，号召大家积极入群。有偿推广最直接的办法就是通过付费广告，提高社群知名度。比如，在网站开展付费软文推广，推广社群品牌、产品或者是吸引大众注意力。

另外，也可以定期让成员在自己的社交圈中发布社群信息，比如，每周五晚上推送一篇优质软文，让成员集体传播。什么是优质软文，最简单的理解就是用户读过之后，会感叹"这个广告我给满分"，出现这种效果就基本达到广告目的了。

同时，要做好新加入成员进群以后的培训工作，比如，群规学习，以及设置仪式感的程序，让新成员感受到自己是被社群欢迎和认可的一员。在这里要强调一下用户和粉丝的区别，成员可以是用户，但不一定是粉丝，吸引用户入群以后还要将其转化为社群的粉丝。特别是铁杆粉丝，对社群的黏性要胜过普通成员。

对一些垂直性社群来说，加入该社群的成员一般都是聚焦到一两个核心主题领域，其他的方面反而会弱化，并且会依据这一两个核心主题展开日常讨论，所以，社群运营者还是要激发成员的参与感，适时开展线下活动，增加成员凝聚力。

而在社群推广环节，不管是付费还是免费，对社群来说，都包含时间投入和金钱投入，都不是绝对免费，所以，社群运营者必须设计好投入和产出比，最好是有针对性地挖掘潜在客户，吸引精准粉丝，这样才能少花钱多办事。

相比动员社群成员去吸引粉丝的内部渠道，有偿付费模式也许更直接更有效果，接下来，为大家推荐四种付费推广的吸粉模式，如图6-4所示。

图 6-4 社群付费推广吸引粉丝的四种方式

1. 付费软文

通过行业意见领袖或 KOL 为自己的社群或产品站台，发表软文，是付费推广中非常有影响力的方式，也许社群本身没有太多的资深专家，但可以通过付费让社群外围的意见领袖为自己说话。

比如，薛之谦为洋码头在微博打广告。作为新晋段子手，薛之谦本人也迅速成为网红新势力，短时间内，此微博的评论量迅速超过 10 万，点赞量和转发量也分别超过 44 万、5 万。紧随其后的是大张伟也以同样的方式为洋码头打广告，一时"广告 CP"的头衔就颁给了薛之谦和大张伟。洋码头也悄然登上下载排行榜首位置。

可见付费广告的效果是立竿见影的，社群开展吸粉计划也可以运用这种方式。当然，在找"形象代言人"之前，要考虑该大咖与自己的社群目标定位是否一致，是否会吸引精准用户，而且在广告形式上也要力求创新突破。

2. 百度竞价

百度竞价是比较常见的有偿推广方式，当然其投入费用也相对比较高。百度竞价以效果为标准的付费服务，本身就是非常大的流量入口，可以为社群带来大量潜在客户，如果有经济能力可以考虑这种推广方式。

3. 微博推广

微博作为关注分享实时动态的社交网络平台，用户基数大，具有很强的传播效果，所以，社群可以采取这种方式，在微博首页投放广告。

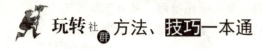

4. 微信推广

这里的微信推广主要指的是微信联合广点通共同推出的"广告主"和"流量主"。

广告主指的是微信公众账号运营者通过广告主功能向微信用户定向推广的服务，其特点是可以根据年龄、性别、区域等筛选出精准用户，实现公众号涨粉效果。

流量主指的是微信公众账号运营者将自己的位置分享给广告主使用的服务，按月收取费用，前提是公众号关注用户量超过 10 万。

"广告主"是投放广告，"流量主"是将自己的位置的使用权让给广告商。这也是实现精准推广涨粉目标的新型手段之一。

2016 年 6 月 21 日，中国社会科学院与社会科学文献出版社共同发布的《新媒体蓝皮书：中国新媒体发展报告 No.7（2016）》指出，2015 年互联网媒体广告收入首次超过电视、报纸、电台和杂志这 4 类传统媒体广告收入之和。传统媒体广告收入呈现断崖式滑落，而互联网媒体则成为新的广告阵地，获得广告商和品牌商的青睐。

所以，当下有传统媒体推广，也有互联网新兴媒体推广渠道，社群吸粉的同时也在宣传自己，广告推广已成为必不可少的方式之一。社群运营者在进行有偿推广时，结合自身情况进行全方位衡量，以更好地实现吸粉目标。

 设置门槛：免费+付费入群模式相结合

360 云盘在 2016 年 10 月对外正式发布公告，宣布将停止个人云服务，并在 2017 年 2 月 1 日正式关闭服务，至此服务了网民四年时间的云盘服务画上了句号。而在此前的相关资料显示，360 云盘在 2014 年的用户数量就突破 1.6 亿，而在关停宣告前已经接近 2 亿用户量。

一直以来，360 云盘是目前市场上为数不多的号称"无限"容量的网盘，确实给用户带来了不少便利，360 掌门人周鸿祎先生也曾表示，为所有网民提供几乎无限的云储存空间毫无压力。

但是，近 2 亿用户绝对不是个小数目，而且为 360 云盘开通付费会员的占比不足 0.1%。所以，尽管 360 财大气粗，但是为此产生的费用肯定也不是小数目，比如，日常运营以及监管投入，再加上服务器和带宽成本，都是一笔庞大的开支费用。

所以，对 360 云盘来说，用户体量越大，成本和压力也就越高。从这个层面来说，免费策略似乎成为压死 360 云盘的最后一根稻草。虽然这种推测与官方说法有出入，但以上分析也说明了 360 的免费并没有为云盘带来太多实际效益。

从用户角度来说，当然倾向于免费，自己不掏钱可以享受到无限存储服务，是件美事，但对企业而言却不是这样。360 产品能够成为市场上的"免费"领头羊，也是因为其拥有免费背后的商业盈利模式。

但是，随着这两年智能手机的大面积普及，以及腾讯推出应用宝，360 依靠安全产品打天下的优势逐渐丧失，其移动化之路也并未见强势爆发。目前，360 想要通过 360 手机和花椒直播作为突破口，但市场反应却没有达到预期。

相关数据显示，2015 年，360 在手机业务版块的净亏损高达 3.2 亿元，而在 2016 年上半年，仅手机和金融业务亏损额超 4 亿。而现实压力是花椒直播要走出完全盈利之路还需要不断地投入资金。所以，从这个层面看，360 云盘走上关停之路的原因已经很清楚。一方面，高投入和产出不成比例；另一方面，免费策略下找不到增值盈利出口。尽管也有其他原因干扰，但免费策略无疑是重点内容。

以上信息可以看出，为用户提供偏向免费的产品可以在短时间内增加粉丝数量，但绝不是长久之计。社群运营也是这样，门槛可以有高有低，但是必须要靠付费筛选。否则，社群极容易成为身材臃肿的"巨人"，无法轻盈向前，总之，免费+付费入群模式相结合才是社群吸粉的正确模式。

天下没有免费的午餐，但可以用免费吸引用户，并在顶层设计中加入变现基因，只有这样才能为社群的未来发展奠定坚实基础。相反，一味烧钱固然可以获得用户和市场，但需要不断地融资，注入血液。一旦供应不足，就会出现致命问题。这也是为什么强调在社群门槛中要设置付费模式。

免费可以为社群尽可能多地吸收用户资源，同时，也容易出现鱼龙混杂，所以，需要付费清洗出不符合条件或沉睡成员，也可以筛选出更出色的用户群体。而且，也是社群变现的重要方式之一。

社群创建者要明白一个关键性问题，即用户为什么愿意加入付费社群，有什么决定因素。如果用户不愿意掏钱，又是为什么，有什么办法可以使用户自愿付费加入？这既是对盈利问题的思考，也是对社群未来发展走向的思考。开启付费模式，对用户有哪些影响性因素？如图 6-5 所示。

图 6-5　付费模式的影响因素

1. 灵魂人物

灵魂人物往往都有强大的号召力，比如，阿里巴巴的马云、腾讯的马化腾或者是小米的雷军要出席某个会议，发表演讲，需要购买门票才能进入，估计这些核心人物的粉丝都会直接买光门票。在这里价格就成为相对次要的问题。所以，灵魂人物本身就会对粉丝形成感染力。

按照这个道理，当社群要举办某个活动时，就需要有核心人物或大咖背书，可以是亲自出席活动，为粉丝传授经验，或者是个人推荐，鼓励粉丝购买。这就是灵魂人物在付费社群中的影响力，为用户提供有价值的内容，或有价值的人物，付费就成为能够自然接受的事情了。

2. 价值输出

社群的价值输出始终贯穿于社群工作的各个方面，社群本身有实际意义，能够对用户及社会形成正面作用，社群内的领导人物对社群成员的成长有帮助，能够解决实际问题，这就是最直观的价值输出。另外，价值观等思想层次的价值输出也要包含在内。价值输出决定了用户付费会得到怎样的回报。

3. 关联匹配

社群有灵魂人物能够为用户提供价值输出的内容，但是也要看这些是否和

用户相匹配，是否能够准确对接用户需求。举一个简单的例子，销售人员向一位想要买沙滩帽的女士，推荐一款本店最新到的高端气质风衣，即使风衣再漂亮价格再实惠，这位女士可能也不会买，因为这不是她想要的沙滩帽。

由此可以看出，社群为用户提供价值输出没有问题，但也要和用户需求相匹配，当两者能够完美对接时，用户当然愿意为此付费。

4. 支付能力

这是付费模式最核心的问题，如果前面三项因素都与用户情况符合，支付能力就成为临门一脚。但用户的支付能力不是绝对的，要与实际情况相配合。

比如，用户实际有能力支付门票但还是没有买，为什么？如果门票价格超出用户心理预期，但还是购买了，又是为什么？所以说，支付能力是个相对性的问题，总体来说，还是与目标用户的消费水平挂钩。所以，社群运营者在制定付费门槛时要考虑到实际情况。

具体到付多少费的问题，可以大致分为三种，低价门槛，从几十元到上百元不等，粉丝付出的数额不算太高，可接受性也比较强；高价门槛，比如，888元或者是999元，也可以附带购买有偿性社群产品等；最后一种是项目性，举办一场线下讲座活动而收费，最直观的就是卖门票，或者是做系统性培训，项目结束即解散。但付费既是门槛也是通行证。

以上四项内容是从影响用户付费的因素入手，着重解决付费模式与用户之间的关联问题，最终目的是帮助用户完成付费过程。随着中国商业大环境的转型和改革，付费模式也成为很多领域的必然趋势，社群也不例外。

所以，付费这种模式是一个好的开端，商业化在很多领域都是必然趋势，正面看待、拥抱变化，可能带来意想不到的收获。所以在社群建立那天起，就要进行对用户付费理念的培养，同时，要为用户提供与付费金额等同的价值内容，双方各有所得才是社群最好的商业模式。

第二节　吸粉平台性渠道

在吸引阶段，社群运营者要善于运用各个平台性渠道，增加渠道引流的宽度和深度，比如，微信公众号可以作为自我宣传的良好平台，穿插社群动态消息以及干货文章等。相比微信公众号，QQ、QQ群、QQ空间更注重社群成员之间的互动交流，也是不错的吸粉渠道。百度文库和百度贴吧则是百度系的宣传平台。垂直论坛和转发转介绍则强调个性化的宣传特点。总之，社群运营要实现从外部引入流量，自动与被动涨粉的吸引效果。

 微信公众号

社群在营销宣传过程中，常常会使用付费和免费推广两种方式，付费很容易理解，就是付费推广，比如，百度付费竞价，广告联盟、网址导航推广等，属于付费引流。而免费推广多是运用自建平台，吸引人气。比如，本小节提到的微信公众号，为社群申请一个微信公众号，利用优质内容驱动、吸引粉丝。

社群创建者可以将微信公众号作为吸粉平台性渠道，但是要与群主的个人微信号、微信群与微信公众号作为一个整体营销，充分发挥微信这个平台的引流效果。

在三者协作方面，社群创建者可以先以个人的微信号作为先锋，首先吸引新人加自己的微信号，再拉入微信群。同时，将干货文章、营销软文等发布在微信公众号上，也可以根据实际情况将这些文章软文反插到微信群或朋友圈分享。

这样做的好处是充分发挥微信号、微信群与微信公众号的作用，并且可以与社群运营的具体情况结合起来，实现最佳的营销吸粉效果。所以，不建议直接将社群成员导流到微信公众号，因为微信公众号是弱互动性，强营销性的宣传平台，如果一味地强调微信公众号的话，会降低社群成员的互动热情，认为自己被拉进入社群只是为了看微信公众号的文章，营销意图过于明显。

同时，为什么要将微信公众号文章软文反插到微信群或朋友圈分享呢？因为微信群或朋友圈的互动性比较好，大家可以在朋友圈评论回复，也可以在微信群中讨论，增加传播效果。

以上是从微信公众号的定位方面，分析其作为社群吸粉的平台性渠道的诸多好处。在实际运作过程中，社群运营者要注重微信公众号的每个细节，这样才能充分发挥公众号在吸引粉丝方面的作用。特别是微信公众号的内容运营上，社群运营者要把握好以下三个方面，如图6-6所示。

图 6-6 微信公众号运营的三个方面

1. 定位问题

社群本身要解决好定位问题，包括类型定位和内容定位等垂直定位内容，而微信公众号当然也需要做好定位问题。定位问题包括三个小内容，即用户定位、主体定位和平台定位。

（1）用户定位。用户定位是确定该微信公众号的目标用户，这是与社群的用户目标相一致的，因为微信公众号本身就是配合社群的吸粉宣传平台。

（2）主体定位。主体定位是决定微信公众号名称的重要因素，目前微信公众号主体可以设置为企业、媒体、组织以及个人等，这也要和社群的目标相统一。

（3）平台定位。平台定位是结合以上两个定位来确定的，微信公众号以什么样的风格呈现给用户，是严谨的学术派还是创意的搞笑派？而且，确定平台定位以后，可以在自定义菜单中设置相关的系统推荐。其依据有目标用户会在什么样的场景下使用，菜单可以解决用户什么样的需求，简单来说，就是用户在微信公众号中可以获得何种服务。

2. 内容运营

解决好定位问题，就进入微信公众号内容运营的实质性部分，微信公众号推送什么样的文章最受欢迎？社群宣传和公众号文章如何配合吸粉效果最好？微信公众号推送内容形式是单图文还是多图文？二维码的推送形式如何选择？这些都是社群运营者要考虑的细节问题。

在公众号文章推送方面，总体来说，要让用户感受到文章的"保鲜度"，而且，要做好持续接力工作，坚持按时推送有助于用户养成阅读习惯，积蓄其对公众号的期待性心理。同时，公众号文章要遵从三个原则：新鲜、好奇、精准。

首先，社群运营者要让用户对自己的微信公众号始终保持一种新鲜感，最理想的结果是用户每天都要打开微信，看看微信公众号有没有更新内容。

比如，一个本地化的美食微信公众号，每天都会推送美食信息，既有美食店铺推荐，又有美食制作以及养生方面的内容。这样让用户认为这个微信公众号对美食非常有研究，值得长期关注。甚至对某些优质的美食文章还会自动分享到自己的朋友圈。

其次，公众号文章要让用户产生好奇心，充满诱惑力。所以，有个出彩的标题非常重要，因为题好一半文。当然不是建议你做个十足的标题党，事实证明标题党并不能让用户照单全收，甚至会引起用户反感。"内容为王"的基础上，要把用户"痛点"放在标题上，使用户在好奇心的驱动下忍不住打开看看。

最后，运营者要精准把握用户的真实需求。比如，养生类的公众号，可以以养生的科普小知识为例做原创文章，还可以推出系统文章，保持用户黏性。

除了文章外，在微信公众号的推送形式方面，社群运营者还要选择是选用单图文还是多图文，单图文可以让用户欣赏高质量文章内容，但不适合纯资讯类公众号。两种选择要根据实际情况决定。

而微信公众号的二维码就比较单一，没有太多样式，辨识度比较低，但是还是可以发挥一点作用。比如，可以将二维码设置为长按模式或指纹识别，以及新颖的动态二维码。也许用户会因为看到一篇文章不错，而长按底部的二维码选择关注该公众号。

3. 热门事件

现代互联网、移动互联网的高速发展使得人们接触信息的速度以秒计算，所以，微信公众号的内容策划要紧跟当下时事热门事件的步伐。

运营者可以将常用的重点题材或关键词列出表格以备参考，也可以在热门网站，比如，知乎论坛、豆瓣社区等寻找网友们关注的一些深入探讨的话题。热门事件容易调动人们的神经兴奋度，唤醒人的情绪，使情感共鸣发生得更迅速更猛烈。

以上三项分别从定位、内容和事件策划方面解读了微信公众号的运营技巧，而且，微信公众号在自我宣传方面具有独特的优势，可以为社群带来被动吸粉的效果。也就是说，社群宣传工作做得好，自然可以吸引到用户的关注，而微信公众号就是很好的平台和渠道。

QQ、QQ群、QQ空间

除了微信公众号外，腾讯下的 QQ 系也是社群吸粉的重要平台性渠道之一，QQ 号、QQ 群以及 QQ 空间，都是吸引粉丝的良好方式。比如，个人的 QQ 号，可以单向添加好友或者被动添加。

社群吸引阶段，可以选择主动添加潜在用户为 QQ 好友，因为 QQ 好友倾向于人与人之间的强关系，所以，不建议直接大量添加陌生人，这样要投入非常多的人力，一对一交流才有可能转化为社群粉丝。而主动添加别人也可能会引起警惕心理，进而遭到拒绝。所以，单纯的 QQ 号用于实现吸引粉丝的目的，可以是已经建立初步信任关系的双方，需要进一步增强信任感，共同探讨问题。QQ 号好友的联系方式比较适合作为社群管理者之间的通信渠道。

相比 QQ 号，QQ 群就以开放性和共享性适用于实现引流和吸粉目标，所以，社群创建者可以安排专门人员负责 QQ 方面的吸粉工作。当然，QQ 群也是强调双向互动的，比如，运营者可以自建 QQ 群开展吸粉工作，也可以添加别人的 QQ 群，在群内进行引流。接下来，就针对以 QQ 群为核心，介绍一下如何利用 QQ 群实现吸粉目标，如图 6-7 所示。

添加QQ群	群内宣传	自建QQ群

图 6-7　如何用 QQ 群实现吸粉目标

1. 添加 QQ 群

主动添加 QQ 群的方法很简单，比如，在 QQ 导航栏内搜索或者是关键词索，主动添加合适或相关的 QQ 群。同时，为提高通过率，在添加时，要做好身份认证以及自我介绍。最好是选择 Q 龄比较长的 QQ 号。关注细节，站在对方角度思考问题才会事半功倍。

另外，QQ 群还具有克隆复制特权功能，开通 QQ 超级会员以后，可以复制克隆 QQ 群，同时注意及时删除无用的 QQ 群及成员。因为有数量才有质量，所以，运营者要尽可能多加 QQ 群，一般来说，几十个甚至上百个 QQ 群同时运作，才会有规模化的宣传效果。

添加 QQ 群是实现 QQ 群吸引的第一步，只有加入了 QQ 群，才能了解群内情况，进一步挖掘可用信息，为实现社群吸引目标打好基础。

2. 群内宣传

运营者在 QQ 群内做宣传推广时，要始终遵守群内的原则性规定，因为部分 QQ 群的管理制度非常严格，稍不注意，就可能因为一句话或发布与推广有关的敏感信息，而被群主或群管理员踢出来。总之，作为 QQ 成员要尊重群主和群成员的共同心声。

同时，也可以运用 QQ 群内的有利空间为自己做宣传，比如，群内邮件。发送 QQ 群邮件类似于发送普通 QQ 邮件，但 QQ 群邮箱会屏蔽明显的广告宣传信息，所以，在发送时要适当修改群邮件内容，可以间隔几分钟再发送，不能连续发送同样的内容。当然，要保证该 QQ 群已经开通群邮件功能，运营者才能发送群邮件。

除了 QQ 群邮件外，还有群公告也是不错的宣传位置。当然，运营者还是要遵守群内规定，或者和群主沟通，以获得许可在群公告中附带宣传信息。在别人的 QQ 群要遵守群规，所以，可以自建 QQ 群，由自己做主掌握宣传主动权，进而实现吸粉目标。

3. 自建 QQ 群

自建 QQ 群划归地盘，既可以方便操作又可以掌握主动权。比如，自建 5 个 QQ 群，其群内成员可以从之前的 QQ 群拉过来。同时，设置好 QQ 群的各项信息，特别是群规。而且，要尽快让自建 QQ 群被腾讯 QQ 收录，并且把 QQ 群排名提前。这样，会大大增加被用户搜索到的概率。

另外，在内容运营上，可以推送话题，活跃群内气氛，适当组织线下活动，而这些本身就是社群的核心部分。

对于已经有一定基础的 QQ 群，可以以 QQ 群会议的方式开展线上活动。比如，每周五晚上八点到九点是在线自由探讨时间，可以提前设定好话题，群内成员可以自由发言。为了保证探讨效果，每人发言时间有限，最后十分钟则没有任何限定。当然，人数最好不要超过 5 个，太多的话发言时间不够，而且容易混乱。

以上三点是 QQ 群的吸粉攻略，其实 QQ 群的具体实战涉及的方面与微信有相似之处，但 QQ 的生态系统更强调开放与融合的人际关系，既能与陌生人建立联系，又支持熟人联系。所以，运营者需要从外部和内部着手，构建 QQ 群的吸粉池。

因为 QQ 空间倾向于被浏览和关注，所以运营者可以以自己的 QQ 号为主题，搭建 QQ 空间的吸粉平台。而且，运营者要明确 QQ 空间里哪些地方可以实现吸粉目标。接下来，就为大家简单介绍一下 QQ 空间有哪些具体功能和应用可以用于吸粉目标。

1. QQ 日志

运营者可以在浏览过别人的 QQ 日志以后，在日志下方留言，内容可以以引导性为主，主要是与社群发生关系。

2. 贺卡、明信片、漂流瓶

从 QQ 空间里进入邮箱，就可以发现贺卡、明信片、漂流瓶这三项主题内容，比如，在节日前夕给 QQ 好友发送贺卡祝福或明信片祝福，大家对祝福性信息的接受度还是比较高的。还可以随机性扔漂流瓶，在瓶内附带自己社群的关键性信息。

3. QQ 空间留言点赞

当 QQ 好友更新动态以后，可以及时点赞，或者进入对方的 QQ 空间，在空间里写下留言。这样，当有人进入对方的空间在留言版块就可以看到你留下的信息。这也是吸粉的一种小技巧。

4. QQ 空间投票

QQ 空间投票是个比较有意思的功能，可以主动发起投票，也可以参与别人的投票。如果是主动发起投票，就可以将社群信息巧妙融入投票信息中，让参与者在投票过程中接收社群信息。或者是动员社群成员参与投票，增加人气。

5. QQ 空间相册

运营者可以运用空间相册，以图片+文字的综合性信息表达方式，向目标用户传递社群信息。比如，社群的线下活动照片，社群成员互动游戏的照片，都可以集结起来，上传到 QQ 空间相册。

社群运营者通过 QQ 体系开展吸粉计划，其实是一种从外部引流被动的涨粉方法，即运营者做好内功，吸引潜在用户的注意力，进而导流到社群。这不仅是吸粉的方法，也是实战攻略。

 百度文库

百度文库是百度旗下一款专注共享文档的开放型产品，也是互联网在线分享学习的重要平台，在百度文库，可以搜索相关行业的专业性文档资料。比如，基础教育、经营管理、工程技术、IT 计算机、医药卫生等几十种行业，可分为教育频道、专业资料、实用文档、资格考试以及生活休闲共五大类型。

在百度文库，运营者既可以在站内引流，也可以在站外获取关注度，比较适合做品牌宣传。而且，百度文库的权重占比较高，一旦审核通过就比较容易获得排名，特别是长尾关键词，可以有效提升排名位置。社群运营者可以运营这点进行品牌推广。

比如，当用户搜索某个关键词时，在百度文库有排名的文档结果会优先展示。有了靠前的排名就可以获得高曝光率，进而有利于吸粉引流。类似于百度文库的互联网平台有新浪资料、豆丁文档等。

要想在百度文库实现吸粉目标，就要通过百度文库进行宣传推广，进行引流，提高曝光度，只有这样才能有用户关注。同时，社群运营者通过百度文库上宣传推广文档时，需要把握以下五点内容，如图 6-8 所示。

1. 文档版式

百度文库上传的文档最好使用 PDF 格式，方便通过后台审核。另外，因为百度文库是以分页码形式展示，页码太多或太少都不好，所以百度文库中的文档内容最少要两页，页数控制在三页到八页。字数也要适中，既能阐述清楚事实，也能够控制在合理范围内。

另外，百度文库的文档内容也要注意细节，比如，首行空出两个字符，字体以宋体或黑体为主，段落间距可以是单倍行距或 1.5 倍行距。如果页数太多，用户很可能失去继续浏览的耐心，所以，百度文库的版式、文档页数和内容都要适量。

总之，百度文库的文档版式要美观，而且要让用户能够明白文档内容，言之有物，解决用户的实际问题，也不至于长篇大论，字数过多。

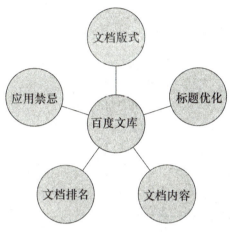

图 6-8　百度文库上传推广文档的五个方面

2. 标题优化

百度文库的标题要与关键词相匹配，而且标题本身也要自带关键词，字数不要太多，关键词向前靠，但不建议多个关键词同时出现在标题中。比如，可以将标题设置为"微信朋友圈 20 种提高转发率的方法"，既有关键词又有数字。

这样做的目的是根据用户的搜索习惯设置文档标题，当用户按照习惯搜索时，我们上传的文档很容易得到展示。此外，文档标题尽量不要和文库中已有的标题重复，做到标题新颖又有差异化的展示效果。

3. 文档内容

做完标题优化，就要对百度文库的文档内容进行推广作业，因为用户在百度文库搜索信息时，其实最看重的还是文档内容。需要注意的是文档内容中不能插入 QQ 或手机号码，因为这样做就是非常明显的广告性质内容，审核通过率非常低。如果一定要添加可以将数字以中文形式展示，这样既能将信息传递给用户，又可以避免被系统管理员删除。

另外，如果要添加链接，可以将链接接入文档的页眉或者页脚，避免直接插入文档，当然，这些方法不是万能的，或肯定能通过，要根据实际情况为准。

4. 文档排名

运营者在进行百度文库的宣传推广时，可以申请多个文库账号，等级越高，审核通过率也越高，或者是为了提升级别可以每天坚持做任务，既能积累财富值，又可以培养账号。

另外，百度文库文档的排名影响因素有文档评价、阅读量和下载量，所以，运营者可以想办法增加文档的评论回复量，以提升文档排名，其实关键还是将文档的标题与内容做好。

5. 应用禁忌

百度文库作为权威的官方认证平台，希望网友能够上传有实际意义且真实有效的文档内容，特别是稀缺和高质量的专业性内容。所以，在实际应用过程中，运营者要注意不能直接抄袭转载，或者是盗用别人的应用成果，也不能上传违反国家规定的图片，或宣传与法律道德相违背的思想内容。坚持原创，传播正能量的文档内容才符合百度文库要求。

以上五点是对百度文库文档推广的小总结，运营者要综合考虑各方面情况，尽可能将文档内容做到细致，提高通过率和展示概率。同时，还要结合实际的社群运营情况，在文档中穿插推广信息，吸引用户注意。

比如，某社群以关爱自闭症儿童为主题，举行一系列的活动，包括线上众筹和线下爱心活动，还携手当地的医院举行义务捐款活动。社群运营者以自闭症儿童的日常护理为主题，编辑整理了一批相关文档内容，同时，穿插社群的爱心活动图片，上传到百度文库。结果，一周内该文档的浏览量轻松过百，通过此文档信息，QQ 群也增加了近 20 个新成员。

百度文库作为百度系的重点产品之一，其权重非常高，而且用户的需求量也比较大，这些客观的情况是社群运营者在百度文库开展吸粉工作的有利因素。如果一篇文档通过百度审核上传成功，系统会优先将文档推荐给用户，但是文档内容的质量要比较高，尽量原创，这样才能让用户在第一时间搜索到。

另外，百度在中国网友心中具有很高的知名度，可以说一提到搜索引擎，第一时间就会想到百度，所以，百度旗下产品自然也具有难以撼动的稳固地位。再加上百度文档的影响力和海量的高价值文档资料，百度文库已成为许多品牌推广的重要阵地之一。

  百度贴吧

百度贴吧作为全球最大的中文社区，是一个非常成熟的互联网在线交流平台，在百度贴吧，依兴趣和主题分为不同的贴吧类型，每个贴吧都可以作为社群的交流分享平台，聚集有着共同目标和价值观的用户。同时，贴吧本身有着明确的信息导向，比如，依据地域、兴趣等划分出不同的贴吧。

在内容运营方面，用户可以在某个贴吧中上传帖子，以文字+图片的基本形式发出意见和声音，还可以上传视频、发起投票。对社群运营者来说，百度贴吧凭借千万级别主题吧数量以及百亿级别的留言量，成为吸引粉丝的重要引流地之一。

而且，百度贴吧汇聚了最广泛的网民人群，分化出了最细致的兴趣领域，这些数据以及使用情况也是百度贴吧能够拥有 3 亿活跃用户的重要原因。基于以上信息可以得出，百度贴吧是社群运营不可错过的吸粉阵地之一。

玩过贴吧的人都知道，百度贴吧的帖子有普通帖和精品帖之分，如果一则帖子成为精品帖，那发帖人和帖子本身都会获得比较高的关注度，尤其是一些热门贴吧，浏览量本身就很高，精品帖当然也会获得比较好的人气，同时提升发帖人知名度。

如何让自己写的帖子成为精品帖，那需要满足以下三个基础条件，如图 6-9 所示。

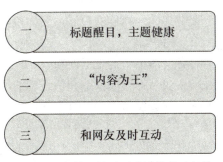

图 6-9　成为精品帖需要满足的基础条件

1. 标题醒目，主题健康

标题创意非常重要，要确保贴吧网友在看到这个帖子的第一眼就被吸引，所以标题是关键。主题要积极健康，有实际意义，同时符合社会主义核心价值观，给网友传递正能量，最好有一定的深度和立意。

2. "内容为王"

帖子最好有比较长的篇幅，不宜太短，因为字数也决定了网友是否有读下去的兴趣，字数适中可以叙述清楚事实理论。同时，语言要简练、语句通顺，不能有错别字和病句。在具体内容上，语言风格可以是诙谐幽默或者是严谨规范；内容结构方面，可以涉及起伏跌宕或惊心动魄的情节。总之，就是让"内容为王"的精神贯穿于帖子的始终。

3. 和网友及时互动

百度贴吧帖子的置顶规则是只要有回复帖子就会被置顶。社群运营者在发表帖子以后，发现任何错误要及时修改。如果有网友顶了帖子要记得及时回复消息。这样，既可以表现出你对帖子的重视程度，也能够增加帖子的人气。

总体来说，就是注重细节，积极地和网友互动，只要是用心写出来的帖子，大家都可以感受到帖子里传递出来的温度。最重要的是社群运营者发帖的主要目的是吸粉，而与网友互动就是实现吸粉的重要一步，所以，运营者既要发帖，更要与评论者互动回复。

另外，除了自己发精品帖外，社群运营者还可以在贴吧里跟帖回复，通过与吧主或发帖人的互动，达到吸引用户注意力、宣传社群的目的。但是要注意，吸引用户注意不等同于吸引其成为社群的粉丝，因为粉丝是在用户基础上，对社群有认同感的"高一级"用户。

就好像有人买了你的商品却不一定是你的粉丝一样，只有那些通过初次购买或重复性购买，才对产品或品牌形成依赖和信任感的用户才可以称为粉丝，这样的高级别用户很可能会购买该品牌的所有产品，这才是粉丝，也是粉丝经济最有商业价值的地方之一。

社群运营者在百度贴吧开展吸粉活动，要注意在不同的贴吧用不同的帖子去引导用户，在无数的帖子海洋里，用户可能只会关注有限的几个贴吧。而且，百度贴吧有 13 个大类别，覆盖娱乐、电影、视频、游戏、教育等多个类型，所以这就要求我们依据社群特性在对应的贴吧中寻找"志同道合"者。

另外，百度贴吧的帖子是覆盖式累积，也就是说，只要有新的帖子被发表或是有吧友回复了新的内容，该帖子就会排在第一名。如果有其他的帖子发出来，就会覆盖上一个帖子，依次类推。所以，这就是为什么我们一直强调与网友的互动，以及在合适的贴吧中发合适的帖子，才有可能找到潜在粉丝用户。

比如，一个具有明星娱乐属性的贴吧，里面自然是聚集着许多明星的粉丝，帖子内容也比较简单，大家发帖基本都是关注某个明星动态、明星通告活动、直播预告、追剧看视频等。另外，这些贴吧中也会有粉丝参与线下活动，比如，明星演唱会、购买明星周边。所以说，粉丝团体不仅仅是支持某位明星的重要力量，其背后也蕴含了巨大的购买力。

如果社群与这些元素有交集，就可以通过发帖、回复、互动等聚集一批潜在粉丝用户，或者是发动社群已有力量，自建贴吧形成粉丝凝聚力和向心力吸引外围用户向中心靠拢。相对以微信公众号或微信群作为社群的通信平台来说，贴吧在聚集粉丝、即时反馈方面虽没有明显的优势，但贴吧依然可以吸引很多网友关注。

另外，在品牌商品宣传方面，贴吧可以是产品测试和体验的评论区，比如，某个品牌的手机上市，已购买的网友在相关贴吧区发帖讨论，或者是回复贴吧，都可以形成一种气氛，即以贴吧为平台，对品牌产品形成非官方的舆论关注。同时，也可以在贴吧直接接入导购链接，搭建购买场景，这也是贴吧的商业价值的表现形态之一。

回归到社群吸引功能中，百度贴吧可以是社群运营开拓粉丝资源的场地之一，也可以形成汇聚粉丝力量的磁场。并且，与微信群、微信公众号相比，贴吧具有开放性和共享性的优势，这也是社群运营者要关注的一个核心点。所以，正确的需求导向可以使贴吧成为社群生产优质内容、实现裂变传播的良好平台。

 垂直论坛

2016 年 8 月汽车之家发布 2016 年第二季度财报，财报数据显示，该季度汽车之家净营收为 13.784 亿元（约 2.074 亿美元），同比增长 60.1%，净利润为

3.957 亿元人民币（约 5 950 万美元），同比增长 21.8%，高于分析师预期，这是汽车之家易主后首次发布财报信息。

2016 年 6 月底，汽车之家创始人李想、前 CEO 秦致宣布退出董事会以后，由平安信托康雁和王俊朗接任新董事，分别担任总裁和首席财务官（CFO）之职，汽车之家仅用 3 个月时间便完成高管核心管理团队的集体更换。从财报业绩来看，高管团队的大更迭并没有使汽车之家的业务受到严重影响，第二季度业绩超出此前业绩预期的上限。

汽车之家是中国覆盖信息最全的汽车网站，旗下的门户垂直网站——汽车之家论坛也是全球最大的汽车类论坛，内容包括车系论坛、品牌论坛、地区论坛以及各种主题论坛等。不同于新浪、搜狐等垂直领域的门户网站，汽车之家论坛更倾向于用户之间的交流，而且，汽车之家论坛本身也扮演着帮助消费者决策的重要参考角色。

根据 2016 年 9 月艾瑞公布的数据显示，汽车互联网用户 45%的浏览时间是在汽车之家。而且，汽车之家的财报也说明，截至 2016 年 3 月，每天通过移动端访问汽车之家的用户达到 1 600 万。

而从论坛帖子的内容也可以看出，汽车之家论坛成为用户交流汽车维修保养、提车作业以及自驾游车友会的重要平台之一。论坛的这种优势使得汽车之家的收入来源不仅仅是广告，其本身作为专业的社区性论坛也有很大的想象空间。

在优质内容产出平台方面，汽车之家又高调推出"优创+"，旨在吸引优秀原创内容生产者进驻汽车之家，包括著名作家、赛车手韩寒，知名汽车人许群以及著名的户外探索者张昕宇、梁红夫妇。

丰富的原创内容和展示形式，包括文章、视频、音频信息，使得优创+平台的日均浏览量环比增长持续保持在 20%以上。在汽车之家，用户可以看到以汽车为核心的海量信息以及汽车内容。这些内容由平台内部、用户以及专业达人共同创造完成，满足用户差异化的信息需求。

社交化的媒体平台使得生产者能够直接接触到用户，这是垂直性论坛在营销宣传方面的独特优势。所以，社群可以在此基础上开展吸粉模式。垂直性论坛的专业性非常强，用户属性比较集中，便于社群借此吸引到精准用户。

在具体运营方面，可以在垂直性论坛中发表高质量的文章，比如，汽车论坛里发表一些与汽车相关的话题。当然最根本的还是要结合社群性质确定。发一些和社群以及周边产品相关的文章到垂直性论坛，关键是找准切入点，准确吸引用户阅读，就可能成为社群的粉丝。

比如，母婴类社群可以在论坛中发表一些有关婴幼儿的产品。当然，综合类的论坛也是不错的选择，比如，天涯论坛、西祠胡同、杭州 19 楼等。

将垂直性论坛作为吸粉平台性渠道，也会遇到各种各样的问题，比如，辛辛苦苦写的帖子并没有太多人点击和回复，顶帖基本全靠自己。这就说明帖子有方向性错误，所以，不建议由自己回复顶帖，否则很难吸引到精准粉丝流量。接下来，为大家介绍三点论坛发帖的技巧性内容，如图 6-10 所示。

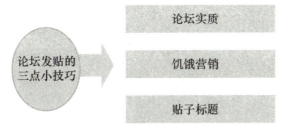

图 6-10　论坛发帖的三点小技巧

1. 论坛实质

很多人都认为在论坛以及贴吧的营销过程中，"顶帖"是营销的核心，只有帖子放在首页第一的位置才能吸引用户的注意力。所以，依据这种观点有人就单纯的疯狂地顶自己的帖子，以至于帖子成为灌水帖。可以说这样的营销效果不是没有，但肯定不是最好的。这时我们就需要明白论坛的实质性，为什么要建立这个论坛平台，创建者是想让用户在这个平台发表什么样的内容？答案当然不是单纯的灌水帖。像 QQ、微博、微信等社交平台，是给用户提供交流分享的机会，而用户浏览新浪网、搜狐网是以看资讯信息了解国内最新新闻为主。以此推测，垂直性论坛中用户需要的是对自己有价值的信息，这样才会有动力回复帖子。所以，垂直性论坛的实质是以互动为主，帖子发出去，当然是希望能够引发别人的关注，回复交流。所以单纯的灌水顶帖并没有发挥吸粉的效果。

2. 饥饿营销

小米是饥饿营销的集大成者，让米粉心甘情愿地交钱等待，而且手机出货

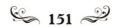

量还遥遥领先。尽管官方说法是销量太好产能跟不上，消费者只能等，但其实是饥饿营销的套路。对于大家都争相购买的商品，品牌商没有一下子大量上市，而是吊足了消费者的胃口，再一点点往外拿产品。

论坛发帖也是这样，有时候欲言又止比一口气写完更要有效果，比如，将吸粉营销隐含在某个故事中，不要将故事都写在一个帖子上，而是要分帖讲，特别是讲到精彩之处，已经成功吸引看帖者的注意力时，就戛然而止，这样才会使看帖者像追电视剧一样期待帖子更新。

而且，看帖者也会在帖子下面回复内容，催发帖者赶紧更新，这样就在不知不觉中形成了一种围观氛围，传播给更多的用户。循环往复，帖子自然可以吸引大量粉丝。但这种连载型讲故事的帖子的更新频率不要太高，可以告知看帖者们该帖定期更新，这样会培养用户的观看习惯。帖子中间可以穿插一些软性广告，不易引起反感。注意要贴合内容，也要与用户互动。

在帖子内容上要充分注意与用户的互动，可以让用户主动完善帖子内容。比如，讲故事的同时，让用户自己续写或猜测接下来的内容，就算是用户吐槽也比安安静静无人回复好得多。最简单的是开一个排比句，让用户接着填。既能回复内容，又可以提升帖子人气。

3. 帖子标题

楼主要为帖子起个意想不到的吸睛标题，也可以用反问语气设置标题，比如，"运营微信群 100 天，吸粉 60 万，他是怎么做到的？"这就可以直接吸引到做微信运营的同行。再以故事性的内容加深用户印象，这样的帖子标题可以给用户创造无限的想象空间，不知不觉就进入帖子营造的氛围。

其实，垂直论坛吸粉模式和贴吧吸引粉丝有共通之处，社群运营者可以在实践中总结经验，用户喜欢哪类帖子，垂直性论坛是否只能发精准性帖子，吸引用户以后怎么融入社群运营。这些问题都贯穿在吸粉活动的始终，社群运营者要仔细思考。

转发转介绍

随着微信、朋友圈等交流平台的兴起，以微信为代表的新型通信渠道已经

不只是个人展示分享信息的方式，也成为众多微商卖货的重要阵地之一。

比如，在微信朋友圈晒图发动态，再通过熟人转发，带动熟人、同学、同事或朋友购买，这就是微信卖货的熟人营销手段。微信本身的强关系形态决定了能够成为微信好友的都是有人际关系的，而且，有之前的感情基础做铺垫向熟人卖货也更有信任感。再加上卖主了解买家的兴趣偏好和经济条件，所以可以开展更有针对性的营销，也能够保证朋友的购物体验。

但是，熟人卖货也有自身的难点，如果在购买过程中发生问题，很容易使之前的朋友关系破裂，生意做不成是小事，损伤朋友关系是个大事情。所以，这也决定了卖家在开展熟人营销时要更加小心处理各方面的问题。比如，要保证商品质量，更要换位思考，注重朋友的利益，满足朋友的真实需求才是关键。

以上是单纯从卖货的角度分析熟人营销的好处和难点，拓展到社群的吸粉方法中，熟人或朋友间的转发转介绍也是种不错的方式。比如，让社群成员定期在自己的朋友圈中转发社群信息，扩展社群影响力。每个月针对不同的主题，向社群成员介绍不同的知识干货，鼓励成员介绍给自己的家人、同事和朋友。

转发可以带来裂变式的传播效果，一条热门微博，经过大家的转发评论可以产生轰动效果。比如，超高人气偶像团体 TFBOYS 自出道开始立即吸引了无数粉丝，队长王俊凯也成为很多青少年的青春偶像。而且，王俊凯还创造了单条微博转发数超千万的吉尼斯的世界纪录。缘起是王俊凯在 15 岁生日当天发表了一条感谢微博，并上传了自己的翻唱作品。

截至 2015 年 6 月 19 日，这条微博被转发了 42 776 438 次，并获得金氏世界纪录认证"转发最多的 1 条微博信息"，同时，王俊凯获官方证书认可。截至 2016 年 8 月 22 日，此微博已经被转发近 5 千万次。

人气明星的一条微博可以引来无数网友转发评论，可见其影响力和传播力。一般来说，对某条信息转发的热情程度越高，说明大家对其传递的信息认可度也就越高。有的人转发的理由是，认为这条信息说出了自己心中所想所以转发。也有的人认为，这么高的转发率，我也要转发，因此随手转发出去，比如，自己的 QQ 空间、微信朋友圈、微博等社交平台。

别人转发自己也要转发属于寻找认同感的心理，因为人需要得到他人的认同，或者想在传播过程中获得他人的赞许、表扬和尊重，以免被社会孤立。

人是社会型群居动物，需要得到群体的认可，保持自己在群体中的存在感。而且，现在互联网、微信朋友圈等社交技术和软件的发展，为人们提供了更加便捷的信息获取渠道，能够在虚拟空间中寻找认同感，而转发就是最快捷、成本最低的方式之一。例如，有网友发表了自己对某个热门事件的观点，或者是一则心灵鸡汤，甚至是寻子的爱心接力、爱心公益等。一般来说，这些信息都会得到很高的转发数。

因为这些公共事件容易引起大家的共鸣，传播者容易受到其他人的认同和支持，前提是这些事实类消息真实可靠。如果是有人恶意炒作，被查出真相后会受到鄙视甚至法律制裁。

社群运营者开展吸粉策略就可以从转发入手，激励用户转发社群活动信息。除了有偿推广以外，社群运营者要尽可能驱动成员自愿转发，这时就需要思考一些关于自愿转发的问题。比如，什么样的信息容易让用户转发？

曾经有个心理学教授做过一个关于三明治喜好的试验，结束以后，心理学教授为被试者准备了两种酬劳方案，供被试者选择。第一种是单纯地获得额外的25%酬劳；第二种是将自己在试验中对于三明治的真实体验分享给家人或朋友同事，但酬劳不变。结果显示，绝大部分人选择后者，即便要放弃额外25%的酬劳。

从这个小试验中可以看出，人们对分享转发有一种本能的欲望，甚至可以为此抵抗金钱的诱惑。既然人们对转发有着天生的渴望，那社群运营者就可以充分运用这种本能，进而有针对性地策划吸粉方案。

所以，社群运营者可以从要转发的信息内容上入手，让成员看到某条消息能够产生主动转发的冲动，内容具有趣味性，如图6-11所示。

一是制造悬念。特别是传播内容的标题非常重要，因为人对未知充满好奇，对结果充满期待，所以，这就是为什么悬疑剧成为电影主力军之一的主要原因。解决了一个矛盾立刻又冒出来下一个矛盾，制

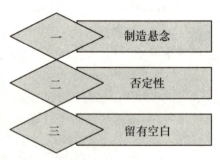

图6-11　如何让转发内容具有趣味性

造悬念可以为趣味性内容增加不少亮点。

二是否定性。人的大脑倾向于记忆相反的东西，而不是相似的内容，所以，社群运营者可以将内容偏向于否定常识性方向，便于激发用户的新鲜感和期待感。

三是留有空白。趣味性的文章不是长篇大论，也不是低俗恶搞，而是要在幽默诙谐的叙述中留有一定想象空间，因为很多东西读者可以自己体会到，不需要运营者大书特书。否则，非常容易陷入教科书式的说教泥潭，用户真正需要的是代入感和情感共鸣。

驱动用户转发转介绍的动力还是来源于自我，所以，社群运营者要将转发的内容倾向于与用户产生情感共鸣，从内心打动用户，这样才会使用户愿意转发社群活动内容，有了转发就可以在更广泛的范围传播社群，进而实现吸粉目标。

第 7 章

互动阶段：沉浸式参与，与成员深度连接

↘ 第一节　线上社群互动方法

↘ 第二节　线下社群互动方法

↘ 第三节　具体操作方法

本章进入到社群的互动阶段，共分为三个模块，分别是社群互动方法之线上和线下以及具体的操作方法。线上互动注重嘉宾资源、分享时间、成员关注的问题、禁言模式和直播模式，这些都是以线上为渠道与社群成员互动。而线下互动则涉及文案撰写、宣传、活动流程的细节等。最后为读者解读互动的具体方案，比如，地面沙龙活动或发红包等，有机融合线上线下两种渠道，使成员沉浸式参与、深度连接，综合性提升社群的活跃度。

第一节　线上社群互动方法

本节主要侧重对社群成员的线上互动策略，线上活动是社群与成员进行连接的主要方式，其中有线上社群嘉宾环节，社群邀请或储备嘉宾资源定期在线上交流分享，与成员互动。另外，社群也要注意收集成员感兴趣的问题，以及好意见，便于改进社群工作。而禁言式微信群分享方式则是以禁言为方法，对成员发言进行限制，避免微信群成为聊天群、广告群。同时，直播也成为开展线上互动的重要方式之一。

 设立嘉宾资源储备池

从最初的《超级女声》到现在的各类综艺节目，真人秀节目已成为电视节目中创新度最高的类型，在真人秀综艺节目中，制作方耗费了大投入安排大场景，从农村户外到异国旅行。同时，明星阵容也成为大家关注的焦点之一。某真人秀节目相关导演透露，"虽然现在嘉宾成为节目是否成功的关键因素，但是大明星不好请，小明星看不上"。从中可以看出，一个节目和嘉宾之间的微妙关系。

一般来说，明星真人秀节目在前期选择嘉宾时，会按照嘉宾总数的3倍以上来储备嘉宾资源。比如，节目需要5个明星嘉宾，前期节目组会和20多位明星接触，经过各方面考量最后从中选择5人。当然，选择什么样的嘉宾明星，也要看节目风格以及嘉宾本人的情况。

为了有更好的节目效果，大多数导演当然想邀请一线明星加盟，但邀请嘉宾不能只靠单方面意愿，也需要结合明星自身情况，以及节目的实际需求。所以，节目和嘉宾之间也要互相吻合才能达到理想效果，观众才会买单。

明星真人秀节目需要储备 3 倍以上的嘉宾资源才能保证节目的顺利进行，对社群运营来说也是这样。社群之所以能够吸引成员，大部分原因在于社群有价值输出，而这种价值输出也多是以嘉宾的形式释放出来。

社群活动少不了嘉宾参与，特别是意见领袖或者行业 KOL，本身具有很强的吸引力，成员也乐意倾听这些人的经验分享。比如，嘉宾通过线上直播的方式分享自己的创业心得，而且还会与成员互动，解答疑问。比如，餐饮类社群可以邀请嘉宾分享饮品类的制作技巧，创业类社群可以邀请创业成功人士传授创业经验，其形式也可以多种多样，文字+语音+图片+视频。

社群嘉宾一般都邀请业界资深人士或者是在某个领域有所专长的人，这样的人能够言之有物，给社群成员带来思维启发，同时也可以显示社群本身的档次。而且，嘉宾也要精准选择，及时对接，保证线上互动活动的顺利开展。

以创业社群为例，可以将线上互动渠道锁定为微信多群视频直播，邀请的嘉宾主要有三类，分别是企业领导者、职业经理人和 90 后青年代表。社群创建者会定期安排三类嘉宾分别开展直播讲座，用户对象主要是大学生或者是初入职场的年轻人。

针对用户对象以及满足需求来看，企业领导者或大 BOSS 可以为大学生等年轻人群分享行业最新动态，帮助他们了解企业运营的知识经验；职业经理人能够从 HR 以及中层管理者角度帮助用户了解，在职场中未来需要掌握哪些技能，及早做好职业生涯规划；而 90 后青年代表因为处在同一年龄段，能够和用户产生情感共鸣，分享创业过程中的得失和经验总结。

在分享形式方面，社群以微信群讲座为主要的线上形式，提前规划安排，做好讲座的各项准备工作，每月 4～6 次，每次 40～60 分钟，包括嘉宾主讲、主持人提问和互动答疑等环节。

可以说在社群发展过程中，嘉宾起到了传递社群理念、吸引用户的重要作用，扮演了社群的价值传递者的角色。同时，社群嘉宾与成员线上互动的方式多是直播，即现场即时讲座，所以，社群运营者要从各个方面做好准备工作。

比如，设立嘉宾资源储备池，从多种渠道挑选出最合适的嘉宾。同时，社群运营者在选择嘉宾有以下三点注意事项，如图 7-1 所示。

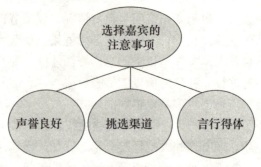

图 7-1　社群选择嘉宾时的注意事项

1. 声誉良好

社群运营者在储备嘉宾资源时应邀请声誉良好、有真材实料的人作为嘉宾。社群线上互动也是一种直播节目，在某种程度上说，社群是与嘉宾表现捆绑在一起的。如果嘉宾声誉良好，能够为社群成员带来实实在在的干货，自然会受到欢迎，社群的线上互动环节也会成为成员最期待的节目之一。

当然，很多时候社群领导者可能会因为私人关系而邀请自己的好朋友作为嘉宾，而且由于有这样的私人关系，挑选嘉宾以及嘉宾报酬方面可能会更好协调。但是，也要注意私人关系良好不代表一定适合做社群嘉宾，所以，在邀请嘉宾时要结合社群实际情况。

2. 挑选渠道

嘉宾的挑选或邀请的渠道可以多样化，除了私人关系外，也可以运用社会公开竞聘的原则，挑选嘉宾，既然是竞聘肯定要有一定门槛。而且，要让社群成员参与到竞聘过程中，使成员有机会选择自己喜欢的嘉宾，也可以避免暗箱操作。同时，可以设置体制机制便于成员监督，以透明公开的方式挑选嘉宾。

另外，社群也可以通过一些专门的嘉宾资源公司，直接付费聘请有一定社会身份的人作为嘉宾。同时，要注意处理好各方面的关系，一切以标准章程办事，签订合同，避免事后产生纠纷。

3. 言行得体

这条注意事项主要针对嘉宾在活动过程中的表现，无论嘉宾的挑选来源如何，运营者都要以社群利益为主体，为成员传递正能量。比如，制定活动规则条例，禁止嘉宾有不当言行，损害社群和成员利益，即使有观点争议也要以正向探讨为主，避免出现过激言论。

严格来说，无论是线上还是线下活动，嘉宾都要以传递正能量为主，为成员带来真实干货，即使有争议也要以学术性探讨为主，禁止出现不当言论举止。在储备嘉宾资源方面，社群运营者可以运用多元化、多样化的渠道挑选嘉宾，使社群能够持续进行有价值的优质内容输出。

 每月固定分享时间

线上活动的第二种方法就是每月固定分享时间，其内容分享围绕社群活动开展。为什么要固定时间？其中是有一定道理的。

在生活中，每年都有农历春节、中秋节、九九重阳节等各种节日，这些节日都有固定时间和特定的场景。还有每年的双十一网络购物节，很多人在双十一前就开始期待了。为什么会出现这种现象？最直接的原因就是这些固定的特殊日子能够给人们带来节日氛围。而社群运营也是如此，要用固定时间帮助成员形成习惯。

比如，每月 15 日是固定的线上分享时间，每周五晚 21 点大咖分享创业经验，每天早上 6 点是微信群内咨询预报时间，每天中午 12 点是固定的广告时间，每周六晚 22 点发红包。当一个新成员加入时，社群运营者可以将这些信息一并向其传达。

这样成员就能了解到加入社群可以在哪个时间段获得什么信息，有哪些是我关心的，哪些可以忽略。

这些固定化的场景可以使社群成员避免错过时间或者是平衡思考注意力的投入与收益之间的关系。如果没有固定化的场景，成员可能会时刻注意群内什么时候发红包，大咖什么时间会投放干货，时时关注随机性行为并不会使成员对社群形成牢固的粘性关系，反而会因为注意力投入过多，但获得不确定，而放弃对社群的关注。

毕竟人的时间和精力有限，不可能什么都不做只是每天盯着手机微信群。有了固定时间，可以免去这些烦恼，只要在某个时间准时打开微信群就可以收看大咖的视频直播。从社群运营角度来看，定期推送优质文章或者是举办分享交流会，能够促使社群工作更加完善，在这个过程中还可以发现不足及时纠正。

在固定化场景应用方面，社群运营者可以依据实际情况，有针对性地开展活动，比如，邀请社群运营工作业绩第一的成员为大家分享心得方法。关键是要培养成员的习惯，包括关注度和学习热情。

普遍说法是一种习惯的养成需要 21 天，但是在实际应用中，21 天与习惯的养成并不能划等号，很多人可能需要更长时间。

英国伦敦大学学院（简称 UCL）的健康心理学家费莉帕·勒理曾做过一项有关习惯养成的试验，测试者每天重复某个活动，包括早餐后散步 10 分钟、饭前做 15 分钟或者是择晚餐前做 50 个仰卧起坐，三者选一。

同时，测试者上传自己的完成情况，还要填写一份测量行为自动化的量表，记录行为过程中的情绪反映。研究发现，全部参与者平均需要耗时 66 天形成这些习惯。最短的测试者只用 18 天就适应了固定习惯，而有的测试者在第 84 天尚未成功，结合研究推断，这些人可能需要 254 天才能真正养成习惯。这个测试说明人对某项特定行为从初期培养到最终适应形成需要的时间并不完全相同。

结合实际情况，可以看出如果在习惯培养期间，中途短暂性停止可能不会对习惯养成有太大影响，但是长期停滞或反复无常也不利于习惯的培养。所以，从习惯培养角度来讲，社群将分享交流等活动进行固定化、常态化具有非常重要的意义。

社群运营者也要从成员的习惯培养角度出发，将社群活动与固定习惯相匹配，总体来说，可以依照以下三个方面进行，如图 7-2 所示。

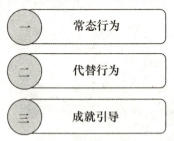

一　常态行为

二　代替行为

三　成就引导

图 7-2　社群活动与成员习惯养成的三个方面

1. 常态行为

手机已经成为现代人必不可少的智能数码装备，而且很多人都有睡前看手机的习惯。结合社群线上活动的要求，可以初步认定晚上临睡前这个时间段是用户的活跃期。社群运营就可以从此处着手。比如，晚上 9 点半可以开放特定微信群供大家自由讨论，一个小时后关闭，仍然有"聊天"需求的成员可以私下单线联系。

2. 代替行为

比如，有人直到深夜 12 点还在拿着手机刷屏，即使有困意也要坚持看手机，为什么？因为对他来说看手机成为舍不得停止的动作，即使自己在手机上并没有非常重要的事情要做，仅仅是随意浏览网页。在这个阶段，就要寻找看手机的代替行为，也就是用其他的行为取代玩手机。

拓展到社群运营中，就是将成员从其他注意力中拉回到社群设定的场景中，比如，中午 12 点到 13 点本来是吃午饭或休息的时间，社群运营者可以将这 1 小时时间定为群内发广告和发红包的时间。发广告者在发完广告以后要附带发红包，以吸引成员的注意力。

3. 成就引导

放弃旧习惯形成新习惯，并彻底适应完成改变，其过程是需要毅力甚至是痛苦的事情，就像减肥一样，很多人的确想减肥，但总感觉付出与效果不成正比，一个月过去了体重还是没下去多少，甚至进入瓶颈期，再努力好像也没有太大效果。这时就需要成就引导，以激励自己坚持下去。

这一点不管对社群运营者还是成员来说都非常重要，其实，社群工作非常复杂，也不容易面面俱到，运营者会认为自己为社群工作确实付出很多，长期坚持下去有难度。而成员也会认为自己长期的学习仅靠自我激励很难坚持。

所以，需要社群在顶层设计层面就加入激励元素，对付出者加以回报，提高运作效率，既有利于习惯养成，也能促进社群集体的团结性。包括精神鼓励和物质奖励，以此给予成员一种成就感。同时，丰富有趣的内容要远比枯燥的教科式说教更有吸引力，所以，社群的分享活动要充分融入趣味元素，让用户在互动交流中培养习惯。

玩转社群 方法、技巧一本通

安排收集成员感兴趣的问题

社群成员或者说是产品用户构成了社群的核心部分，解决用户需求是社群的立身之本，产品更多的是优质内容输出，而持续产生新的优质内容不是件容易的事情，单纯邀请嘉宾或者是运营成员自己做，也是件费力气的事。所以，给用户提供内容，不如让用户产生内容，即 UGC。

UGC 是一个互联网术语，英文全称是 User Generated Content，指的是用户将自己创作的内容在互联网平台展示给其他用户的行为，是伴随互联网发展而兴起的。在 UGC 模式下，用户既是内容的浏览者也是创造者，比如，全球最大的视频分享网站 YouTube，就属于 UGC 的成功案例之一。

有报道称，YouTube 的月活跃用户已经超 10 亿，这个数字意味着全球约六分之一的人口都在使用 YouTube，而且每天的视频观看时长总计达数百万小时。不过到 2016 年，已经成立 11 年的 YouTube 仍然没有实现真正意义上的赚钱。

对此，YouTube 公司 CEO 苏珊·沃西基（Susan Wojcicki）表示："公司仍处于投资阶段。"另外，沃西基还表示"暂时没有时间表"。也就是说，YouTube 虽然火爆但是盈利模式尚在探索之中。有网友称，这些年 YouTube 全靠其母公司谷歌的补贴。不管现状如何，YouTube 如此受欢迎本身就说明 UGC 分享类网站还是获得了很多用户的认可。尽管由于用户可以根据需要上传和下载内容，导致 UGC 在内容控制性方面的能力略显不足，但 UGC 确实能够弥补内容输出的乏力问题，进而有效调动用户的参与热情。

对社群来说，核心问题之一就是如何发现以及解决用户需求，但是从用户角度来讲，用户本身就能够知道自己需要什么，该去哪里寻找解决方案。比如，用户想了解汽车方面的内容，自然会到汽车之家、爱卡等网站浏览自己想要的信息；打算去户外旅行或郊游的用户会去驴妈妈、蚂蜂窝、艺龙等网站；而买酒品酒的用户会去酒仙网上订购。

用户的这些行为都是根据需求"制定"的，需求自然匹配垂直社区就是当下互联网用户解决需求的直观办法之一，除了兴趣和现实需求外，区域性的地理因素也成为用户需求的重要方向。比如，杭州 19 楼是专注于杭州本地的生活消费以及用户沟通交流的网络平台，区域性非常强，所以，杭州以外的生活服务信息，比如，广州美食餐馆的打折优惠广告就不适宜出现在这里。

用户会自动寻找与相匹配的信息，所以，社群运营者不需要面面俱到，只需要提供有价值的内容即可，包括用户可能会涉及的话题或内容，将选择权真正放在用户手中，垂直性社群才有更大的生存空间。

用户行为可以引导但不能决定或强硬指挥，当然，严格来说，社群内的用户也分"三六九等"的，比如，核心用户、普通用户和自然用户。

核心用户指的是社群中能够持续贡献优质内容，愿意参与到社群建设中的成员，他们对社群有深度感情，能够与社群共同成长，也是社群的中坚性力量。

普通用户是倾向于互动的成员，比如，会经常在社群中发言、回复、收藏以及参与讨论和投票的成员，他们对社群的各项事务都以轻量级的态度参与。

相比之下，自然用户是社群中参与程度最低的成员，不积极发言，但也会偶尔冒个泡，在一定程度上等同于沉睡成员。

有的社群运营者可能会说，自己的社群没有自然用户和沉睡成员，似乎这些用户的存在会证明自己的社群工作不到位。实际上，自然用户的存在虽然不能给社群带来直观的积极作用，但也是社群工作最有潜力的部分。而且，自然用户可能在你的社群并不积极，但在其他社区却是活跃分子。

社群的重点工作之一就是围绕用户需求，提供切实可行的解决方案，想用户之所想。比如，可以收集成员感兴趣的问题，由专人整理以后发送到社群平台，供大家讨论，或者是给出专家型意见。具体来说，解决用户的问题可以从以下四个方面着手，如图 7-3 所示。

图 7-3 社群解决用户问题的四个切入点

1. 社群方向

社群存在的本质意义是能够提供有价值的内容，这些有价值的内容能够解

决用户的需求，所以，倒推过来，社群的方向就要以解决目标用户的需求为立足点，特别是垂直性社群，单击一两个痛点，就能够准确解决用户的需求。这样的社群以及社群产品当然能够吸引用户，获得更多用户支持，进而推动社群走上发展的快车道。

2. 运行体系

前面提到了人需要被激励才能有更强大的动力，解决现实问题，而社群的运行体系也是一样，需要有相应的合适机制，在这个机制内，社群的创建者、运营者、核心用户、普遍用户以及自然用户都能够有所收获。用户遵守社群规定，伴随社群成长为优秀的核心成员，社群产品也得到更多成员认可，这才是社群良好运行的有机体系。

3. 管理体系

社群的运营离不开管理体系的建设和完善，社群制度也是社群管理体系的一部分，特别是一些体量比较大的社群，成员数量多，工作繁杂，更需要有相应的高效管理体系作为支撑，使得社群内的人员能够各司其职，社群创建者负责领导规划，运营者对领导和用户负责，用户发挥价值，协助社群成长。

4. 指标考核

这部分主要是针对社群运营人员，因为一个社群的运营到底是好还是坏，需要数据说话，指标考核不仅是为了看运营人员工作的业绩，也可以通过其体现一个社群发展质量的高低。哪部分有问题，通过数据反映出来，及时修正。

以上是社群解决用户问题的四个切入点，用户有问题能够得到及时解决，有意见或建议可以通过反馈渠道与社群相关负责人沟通，注重用户体验，才能促使社群发展壮大。

 禁言式微信群分享模式

150定律（Rule of 150），也就是著名的"邓巴数字"研究理论认为：人类智力允许人类拥有稳定的社交网络的人数是148人，约150人，此理论的研究者是英国牛津大学进化人类学教授罗宾·邓巴（Robin Dunbar）。

邓巴刚开始研究时，是以英国人寄圣诞卡的习惯为例展开研究的，那时社交网络不是很发达，寄圣诞卡也是人们表达祝福的途径，也是检验人的社交质量的重要方法之一。因为要寄一张圣诞卡，你需要知道收卡人地址、买卡片、手写祝福语、买邮票、贴邮票，最后寄出去。这一系列流程简单却烦琐，能够给某位朋友亲自寄送圣诞卡片，说明这个朋友一定不是无关紧要之人。

经过统计，人们将这些卡片约 25%寄给了亲人，近 70%给朋友，8%给同事。所有收到贺卡的家庭人口总和平均大约是 150 人。而且，邓巴认为人的大脑新皮层大小有限，认知能力的有限也决定了一个人维持稳定的社交关系的人数约为 150 人，这 150 人指的是与自己拥有私人关系的数目。

虽然现代网络的发达使人际关系能够无限扩容，比如，在 Facebook，用户可以同时拥有数千名好友，但是大多数用户的好友数在 180 人左右，仍然在邓巴数字的误差范围内，Twitter 用户频繁互动的好友人数平均也在 100 到 200 之间。

根据邓巴数字可以看出，有限的人际交往数量，既是客观因素的作用影响，也使得人们在社交过程中的社交范围有一定限度。而且，人的大脑对外界信息的处理能力也决定了人际交往不可能无限扩展。

虽然场景环境有所不同，以及地域文化差异，再加上现实与虚拟世界的区别，人际关系网内的具体人数有所不同，但社交圈内的人数肯定是有限度的。比如，在网络当中非常活跃的人不可能和所有网友成为深度互动的好友。这也说明在社交沟通工具中，无限制的对话并不能给所有人带来积极反馈，所以，适当禁言成为必然选择。

假如一个人的微信有 200 个好友，而且都没有对好友的朋友圈动态进行屏蔽，可以想象，自己的微信朋友圈一定会被这些好友的动态刷屏，所以，有时候信息太多反而造成负担。

当微信群内的人数比较少时，大家可能会有比较强的自我约束力，不会在群内泛滥式发送无用信息，群内总体氛围比较好，凝聚力也比较强，虽然总的发言量不多，但是质量比较高，能够带动绝大多数成员互动。

随着社群发展，群内人数猛增，即使一个人只说一句话，也会蹦出 N 条消息，甚至有成员浑水摸鱼，打广告也不是没有可能。这时的微信群总信息量非

常多，但人均参与的质量下降，无用信息过多，价值缩水。这样的微信群当然不会有太强的向心力，活跃度也会随着下降。

同时，微信群和 QQ 群已经成为许多社群进行线上交流的主要社交通信工具，因为群内人数众多时，群主可能无法管理或需要很大精力去管理，所以，禁言成为最直接有效的模式。

开启禁言模式以后，群成员就无法在群内自由发言，有些社群的微信群或 QQ 群都会选择禁言模式。当然，在 QQ 群中只有群主或者管理员才有资格开启禁言功能。总体来说，开启禁言模式的好处有两点，如图 7-4 所示。

图 7-4　开启禁言模式的好处

一是有效屏蔽广告信息。在加入微信群或 QQ 群之前，给新成员做好入群欢迎仪式的同时也要明确告知其群规，不允许随意打广告、发链接。这就需要社群运营者安排专人管理，只要发现有发广告链接消息，就要及时清除。如果坐视不管，或纵容其乱发广告，会扰乱群内秩序，降低群内其他成员的体验度，甚至沦落成为广告群。

二是有效防止灌水闲聊。即使没有成员乱发广告信息，一个二三百人的微信群，一人发一条消息也得刷上半天才能看完，而且，如果在工作时间频繁发送，会给成员造成骚扰。所以，解决办法是专门开设一个聊天区域，与社群内的微信群区分开，这样既不会影响正常的工作微信群内容分享，也可以给想聊天的成员一定空间。

工作群可以推送一些精选类干货好文，增强社群在成员中的好感和存在感。当然，闲聊群也不是放任不管，也要制定相应的群规，但比工作群较宽泛一些，避免给成员造成太多的压迫感，两者平衡才能达到理想效果。

禁言是一种群规，也是为了给社群和成员营造良好的发展空间，但是不建议社群运营者为了方便管理而制定严格的群规，不考虑大多数成员意愿，甚至形成了专制。比如，过于严格的群规容易引发争议，成员会认为群内只允许涉及专业话题，枯燥没有意思，甚至逐渐对这些群规产生反感心理，进而对社群产生排斥心理。

但是，群主可能会认为，严格群规是为了群内有良好的秩序，避免过多闲聊，多分享干货内容。群主的出发点当然是好的，希望群内有个融洽的氛围，特别是规模比较大的群，人员众多，管理成为大问题。

社群管理工作肯定不适合一言堂，所以，民主决策也成为平衡两者关系的重要手段。群管理者和成员可以就某个问题公开讨论，争取达成一致意见。这种情况下最好是群主的个人影响力比较大，有话语权和个人威望，再加上和成员的平等探讨，多数情况下，能够协商出一致性群规。

禁言式微信群分享模式既是线上社群的互动方法，也是社群管理工作的一种方法，禁言有自身优势，但社群运营者也要注意使用范围和力度，尽可能做到既能提供优质内容，又可以给予社群成员活跃空间。

 ## 现场提问式直播分享模式

2016 年 6 月 25 日，国内超人气少年偶像组合 TFBOYS 在美拍进行直播首秀，期间吸引了 565.6 万人次围观，3.67 亿次点赞，520.5 万互动评论数。另外，美拍还将 29.58 万道具总收入捐赠给慈善公益机构"免费午餐"。

三个月后，TFBOYS 最小成员易烊千玺在 9 月 25 日以个人形式现身美拍直播，这是 TFBOYS 组合式直播的最后一场，此次有关易烊千玺与美拍直播的微博话题阅读量轻松破亿，强势登录微博热搜榜第二位。

此前还有 TFBOYS 成员的两场直播秀，分别是"王俊凯美拍线上 K 歌"和"王源美拍直播吃秀"。三个月时间，四场直播秀活动共吸引了 2 860.5 万人围观，获得 26.23 亿次点赞和 2 980.7 万的评论数，创造了美拍直播的多项历史纪录。

美拍直播联合人气偶像 TFBOYS 组合进行系列直播活动，引发粉丝尖叫狂潮，再次证明 2016 年的直播趋势已势不可挡。明星通过直播与粉丝互动交流，为粉丝营造一种真实感和亲切感。明星在轻松氛围下与粉丝直播互动，展现最自然的状态，撤下耀眼的明星光环，才能离粉丝更近，而这也是直播有别于微信、微博等社交媒体的独特优势。

直播+视频的社交定位，也使粉丝获得了与明星零距离交流的绝佳机会，还可以看到想要的视频内容。另外，送道具、定制徽章等活动也满足了粉丝专属定制的心理需求。

明星通过直播与粉丝互动，拓展了以往的呈现形式，过去粉丝们只能在电视、网站或明星个人微博得到明星的最新动态，真实感非常弱。即使有演唱会、见面会等线下活动，也会因为现场情况易变、人多拥挤以及安全考虑等无法与明星零距离互动。而直播却给粉丝们提供了与明星互动的绝佳机会。

从明星直播延伸到社群运营中，社群也可以以直播为媒介与成员互动，比如，通过直播以现场提问的形式分享更多干货，让嘉宾与成员无障碍交流。就目前来看，直播的技术问题已经不是阻碍，市场上的各种直播 APP 提供了很好的平台，社群运营者可以有针对性地选择使用，比如，前面提到的美拍，还有 YY、斗鱼、花椒、映客、易直播等。

总体来看，社群运营中的互动环节加入直播元素，主要有以下三方面的好处，如图 7-5 所示。

图 7-5 社群直播互动的三点好处

1. 用户体验

社群引入直播互动元素可以有效提高用户体验度，比如，在直播过程中成员提出问题，直播嘉宾可以立即回答解决，社群成员不再被动接受知识，也成为社群运营的建设者。而这个过程中是所有进入直播的人共同完成的。可以说，直播不仅是一种互动方式，也可以传递社群价值观，提高成员对社群的依赖感、信任感。

还有直播过程中的主讲人也会给成员留下深刻印象，比如，社群邀请一位业界资深人士定期以直播微课堂的方式传授经验，讲师讲课风格幽默有趣，深入浅出。相比传统线下交流会，这样的授课模式更加新颖有趣，而且效率高。

2. 二次传播

直播结束以后不是分享活动的终结，大咖直播过程中的优质内容也要沉淀下来，进行二次传播和信息储存，比如，安排专人将直播内容整理成文字稿，投放到各大社交媒体网站，或者是让成员主动发送各种话题，形成二次传播，这样又可以吸引很多新的粉丝。而且，直播视频也可以二次回放，使那些错过直播的小伙伴一样可以分享到直播内容。

3. 变现模式

既然直播是另一种干货分享形式，那也可以成为社群的变现模式，比如，最简单的就是直播收费。除此之外，还可以把直播内容进行深度拓展，观看直播不花钱，但通过直播吸引用户进入以后，可以用更高附加值的内容进行变现。比如，将用户引流到线下或直接卖货，实现边看边买的效果。

直播分享模式既是社群流量来源，也可以为社群成员带来更好的用户体验，加速高质量内容沉淀，这些就是直播互动的主要好处之一。

直播在 2016 年成为新的互联网风口，是多重因素共同作用的结果，社群运营也要与时俱进，迅速适应时代要求，及时更新社群变现手段，为实现社群更好发展开拓更广阔的道路。

第二节　线下社群互动方法

社群线下互动形式主要涉及以下四个方向的问题，包括宣传文案和推广渠道、活动嘉宾与时间场地、活动流程、活动反馈和引导。这四个方面涵盖社群线下运营的前、中、后的重要环节，也涉及社群运营的具体问题。社群运营者要做好线下工作，就需要从这些方面着手，实现社群和成员的双赢效果。

安排宣传文案及确定发布渠道

社群互动活动在线下方面也有非常丰富的形式，比如，见面会、交流会、公益环保活动等，线下活动可以将人们的注意力从线上的虚拟世界吸引到现实生活中，丰富社群成员对社群以及成员的具体感知，加速社群成员之间的关系沉淀，所以说，做好一场线下互动活动对社群也具有非常重要的意义。

同时，线下活动的重要部分，主要包括活动文案和推广渠道，都是社群运营者需要关注的两大内容，而且，文案要贴近社群本身的主题，将社群的活动围绕社群主题开展。

在宣传文案方面，要始终追求"有温度"的推广内容，以人性化的角度分析社群成员需要什么，想看什么，否则，很难引起成员的兴趣。比如，一个长期未现身的成员突然在群内上传了一个链接，理由是自己的公司正在进行产品内部测试，希望大家帮忙体验一下，并填写反馈信息，交代完以后自己就消失了。这样的"广告"即使没有明显的让人反感的信息，也会因为该成员没有温度，直接留下链接就走人而没有太多好感，更别提去做内测了。

社群运营本身需要有温度，相对的宣传文案也需要有温度，这样才能打动人心，这也符合社群的本质，即强粘连性地连接每个成员，靠产品也靠情怀。如果这两者都没有，那就很难时时得到成员的支持。

如果这个上传链接的成员能够有温度地传达信息，比如，"产品内测，欢迎率先体验，有什么意见或不满意的地方，可以随时找我，咱们私下交流吐槽，不见不散哟！"有人询问的话会第一时间回复相关问题，而不是放下链接就跑。这样有温度的广告投放会更得人心。

而在策划宣传文案时，也要遵循这样的原则，要有温度有情怀。社群运营者即使不是亲自负责宣传文案每一项具体性工作，也要把握以下四个策略方向，如图7-6所示。

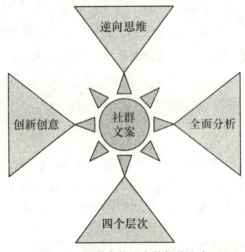

图7-6　社群宣传文案的策略方向

1. 逆向思维

一般来说，人的大脑倾向于常规性的问题思考方式，带着这样的思维也容易使文案过于平庸，没有新意，所以，策划宣传文案可以逆向思考。有利于打破人们普遍存在的心理定式，达到出人意料的效果。比如，互联网社群线下见面会活动，可以在开场前举办一场走秀活动，以时尚的文艺范气质颠覆以往互联网人员相对刻板的形象。

2. 全面分析

社群的宣传文案不仅是宣传一次活动，也代表了社群的整体形象，所以，社群运营者要对活动进行全面分析，整体思考，尽可能将文案的每个细节都考虑清楚。同时，不仅仅拘泥于文字形式的创意与创新，以核心战略为指导，将多层次含义覆盖在一句话文案中，这样才能既配合社群运营工作，又向成员有效传达文案信息。

3. 四个层次

以一句话文案为例，文案当中往往会涵盖产品信息，这是文案表面想要传达的意思，同时，也不能过于空洞，要将实质性内容包含在一句话文案中。还要考虑到用户的感受，配合社群运营的核心思想，这才是做有战略高度的文案。

所以，社群宣传文案策略的四个层次就是表达出想要传达的信息，有实质性的内容，既能照顾到用户的真实感受，又符合社群运营的核心思想。

4. 创新创意

这点和第一点有共通之处，创新创意更倾向于立意角度，比如，借助当下社会热点事件或娱乐新闻，融入文案当中，实现创新创意。

以上四点内容是从社群宣传文案的策略方向入手，简要讲述文案的思维方向、战略层次以及立意角度等问题，当文案确定以后，就要确定发布渠道，即以什么样的方法最有效率地告知所有成员，并且在更大范围影响更多的人。

在发布渠道方面，可以分线上和线下两种方式。线上可以以 QQ 好友、微信好友、微信朋友圈、QQ 群以及 QQ 空间等渠道告知成员。其内容除了有文案外，还要包括相关活动信息，比如，活动时间、地点、嘉宾、主持人以及温馨提示等。在线下可以在活动现场使用易拉宝、纸质活动明细等。当然，从环保角度讲，还是以线上无纸化通知为主。

除此以外，为了获得更好的宣传效果，社群运营者还可以通过官方网站、微博、微信公众号、易企秀等媒体性渠道，也可以通过百度贴吧、论坛、大 V、豆瓣、知乎等，综合性地广泛传播互动活动。既能提高社群的知名度，也可以达到二次传播的效果。

社群运营者也可以根据社群特点和策略要求综合性运用以上渠道，进而使用不同的具体性线下社群互动方法，达到多渠道、广范围传播的效果。

确定活动嘉宾、地点、时间

相比线上活动，社群线下活动存在很多不确定性，比如，活动嘉宾临时有事无法参加，或者是场地情况有变，天气原因等。所以，社群运营者要考虑各个方面的可能影响因素，制定好应急预警机制。

比如，在线下活动的前一天发短信提醒嘉宾第一天准时参加，特别是一些重要的嘉宾人物，要提前确定好档期。通知内容要涉及活动的关键信息，包括活动时间、地点以及位置链接、当天天气情况、需要准备的材料等。社群运营者也可以派专人打电话提前确认，以防万一，最好准备候选嘉宾，以免突发状况，现场冷场自乱阵脚。

线下活动以聚会、沙龙等形式为主，即使成员面对面互动交流，也可以检验社群运营的真实水平以及收集成员反馈信息。

举办线下活动，相当于在社群内部举办一场"家庭聚会"，给成员们认识彼此的机会，增强社群黏合性。久而久之，成员们也会感受社群这个大家庭的温暖，寻找到志同道合者，在工作和学习方面给予帮助。

同时，线下活动也为社群运营者提供了更多的可能性，提升自身运营水平，比如，选择活动主题，可以围绕社群本身再结合社会热点事件确定；邀请嘉宾，最好是大咖或行业领袖，并且风格幽默搞笑，对于乐于分享的嘉宾，比较受成员欢迎；活动地点尽可能选择交通便利，环境优雅、容易到达的地方，比如，咖啡馆、会议室；活动时间也要与嘉宾、成员协调，保证大家都有时间到场参与。

同时，在活动的报名环节，要为成员提供比较便捷的报名渠道，以线上报名为主，现场签到做二次确认，还可以附赠有创意的贴心小礼物，提供免费WiFi，尽量做到无纸化。

接下来，为大家介绍一下举办社群线下互动活动的三个方面，如图7-7所示。

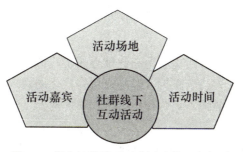

图 7-7　举办社群线下互动活动的三个方面

1. 活动嘉宾

社群运营者提前确定好活动嘉宾，比如，活动需要有 2 名嘉宾参与，就需要提前接触 4～6 名嘉宾，重点选择 2 名嘉宾，其余可以作为备选，或根据活动顺序依次出场，将符合条件的嘉宾平均安排的每场活动中。

在邀请过程中，要向嘉宾介绍社群的特点，以及作为社群嘉宾的益处，确定好嘉宾的档期，特别是尊重嘉宾的选择，如果确实有事无法调和也要表示理解。在活动前夕，与嘉宾及时沟通活动的各个环节，帮助或提醒嘉宾准备相关素材，最终文稿以及演讲 PPT。

2. 活动场地

社群运营者必须提前确认好活动场地，在选择方面，可以是社群自营场所，也可以是赞助商提供。当然，出于经济方面的原因，最好是有免费使用的场地。同时，社群运营者也要考虑场地相关设备问题，比如，用电设备是否充足，是否有突然断电的可能，投影仪、话筒、易拉宝、签到表、签到笔，是否有免费WIFI 等。

3. 活动时间

社群线下活动的时间表最好是固定日期，比如，每月 1 日等，这样可以方便社群运营者开展相关工作，也能够给嘉宾和成员提前准备的时间。如果有临时增加的活动，也要尽可能通知群内成员，协调好时间。

以上是从活动的三个方面为着眼点，解读社群线下活动的注意事项和操作方法。社群运营的最高目标是能够给成员提供价值，线下活动作为社群运营的重要部分之一,同样与社群的最高目标有一致性。始终以利他的思维方式思考问题,才能获得社群成员的真心支持。

延伸开来,就是线下活动成为利他核心的实践性范畴,即社群通过线下活动将真正有价值的内容给予成员,满足成员多样化的需求。但是,理想往往高于现实,实际上社群的线下运营必然会遇到很多问题,最重要的解决方法就是打造一支高效靠谱的运营团队。

当社群成员建立了一定的忠诚度以后,就必须以线下活动进行黏合和增强,实现这个目标当然离不开高效的运营团队。所以,社群创建者要在初期就有意识地搭建自运转团队,这样运营人员的工作量和压力自然会明显减小,而且社群秩序也不会被打乱。

比如,为运营团队建立新鲜血液的造血循环机制,保证团队能够有足够的活力和高效执行力。可以采取线下招募方式,同时也要有社群内部培养起来的志愿者队伍。为什么要强调志愿者必须是内部培养?因为从社群内部成长起来的志愿者能够与社群共同成长,这点非常重要。

志愿工作本来就带有很强的义务性,很少有人能够凭借自身的奉献精神毫无报酬地付出,而与社群共同成长的志愿者能够体会到自身工作对于社群的重要性,本身就是一种获得。

为了建立良好的志愿者团队,社群创建者也要注意志愿者的流动与自我成长,既要保证志愿者的流动不会影响社群正常工作,也要为志愿者提供成长路线,而不是说,志愿者只需要一味奉献,没有任何晋升成长通道。

另外,社群的线下互动活动的主要润色者就是嘉宾,所以,社群运营者要特别注意嘉宾的挑选。而且,很多社群的创建者本身就是非常受成员欢迎的核心人物,当然可以承担嘉宾的角色和任务,比如,罗辑思维的罗振宇、吴晓波频道的吴晓波、正和岛、刘东华。

针对外界"聘请"的嘉宾,在活动现场也要以活跃气氛,带来干货为主。这样的线下活动才能为成员提供真正有价值的内容,同时,也要建立价值输出的可持续性,因为单纯让嘉宾送出干货,本身也耗费不少社群的资源,所以,社群运营者可以从成员自身入手,从成员中贡献有价值的内容。

设计活动流程、特别环节

当社群线下活动的文案确定，发布推广出去，并且活动嘉宾和时间场地等也确定以后，就正式进入活动的参与阶段，此阶段的重点内容是活动流程以及特别环节。比如，一场或一系列活动需要走哪些流程，哪些在前哪些在后，有没有有创意的特别环节，活动嘉宾、主持人以及成员是否认可，有没有可以提升的地方。

当然，社群活动以及流程还要根据实际情况确定，比如，针对一些难度较高的活动，可以采取众筹的方法，动员大家的力量共同高效率地完成，而且成员的参与热情也会比较高。

而一些难度一般、以增强社群成员黏性为主要目的的社群线下活动，可以以聚餐、分享活动为主，活动期间设置一些破冰游戏环节，比如，红包接龙以及一些互动性比较强的小游戏，这类活动适合初次见面，彼此不认识的成员，加速成员间的融合。

这里要指出的是一定要对活动形成特定仪式感，就像每年过生日要有生日蛋糕，纪念日要庆祝，基督教要做礼拜，哪怕只是一顿简单的早餐也可以用精致的餐具开启美妙的一天，这就是仪式感的作用。同样社群活动也是如此，要将活动仪式化。

比如，每一次活动前都以固定的方式做一件事情，也许只是喊某个口号或做某个特定动作，也可以起到提高参与感的作用，并且让社群成员养成习惯。或者，每次线下周活动开始前，社群运营者会安排一个固定嘉宾，在每周五晚上 9 点在线点评学员作业，时间一小时，为了让成员有更充足的准备时间，会提前一天通知作业成绩前三名的成员，在活动前 15 分钟每人发表 5 分钟的作业心得。

将线下点评的任务放到线上，一方面，可以减省线下周活动的时间，另一方面，也可以将点评作业作为固定的仪式化小活动。发现问题可以在周活动上供大家集体讨论解决。

即使不能让社群全体成员在这一小时里面全程参与点评与听讲，作业排名和成绩前三者亲自分享心得也可以大大增加成员的参与感，认为自己也可以和嘉宾合作，为完成这 60 分钟的在线点评做点事情。

除了仪式感在进入正式活动流程前，社群运营者要在合理的预算范围内，打造一场高互动率、各方都满意的线下活动，可以从每一个流程入手。当然，不同社群有各自特点，其活动流程也不尽相同，但是核心点是围绕社群和活动主题，尽可能开展一些比较有意思的活动环节，比如，破冰小游戏或者是互动小游戏，也可以是单身交友。

接下来，为大家介绍一个创业社群的小型互动分享室内活动的简要流程。

19:00—19:30 所有工作人员就位，布置会场；

19:30—19:45 来宾签到；

19:45—20:00 观看社群活动宣传片；

20:00—20:15 主持人宣布活动正式开始，并介绍嘉宾；

20:15—21:15 三位嘉宾轮流上台主讲，每位 20 分钟；

21:15—21:35 嘉宾与社群成员互动答疑环节；

21:35—22:00 嘉宾抽奖，并给中奖成员现场颁奖，合影；

22:00—22:10 清理会场，引导嘉宾和成员到酒店休息。

具体的活动流程可以根据社群的定位和要求，进行更加具体的安排，以上只是给出了一个大致流程。线下活动的目的是达到社群、嘉宾、成员三方受益的目的，同时预防活动流于表层，所以，还是要强调社群活动的仪式感和参与感。这样才能让成员以及运营者感受到自己真正在参与其中，有所收获，而不是单纯为活动而活动，为参与而参与。另外，增强线下活动的仪式感要遵循以下三点原则，如图 7-8 所示。

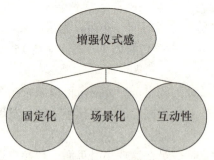

图 7-8　增强仪式感要遵循的原则

1. 固定化

将活动固定化是为了给参与者一定的神秘感和期待感。

比如，大家都知道今天晚上某个电视台会举行一场中秋慈善晚会，提前一周在媒体公布出来，甚至已经有爆料哪些著名明星会参加，但是却不知道具体的演出内容，这就给观众带来一种神秘感，特别是对自己喜欢的明星，会更加期待。每年都会有中秋节，这就给受众提供了一种固定化的日期标准，但是到底中秋晚会会表演什么节目，却不得而知。

社群活动也要遵循这个原则，提前预热，广泛频繁地告知大家，在未来某个固定时间会有特定活动，会有大咖级别的人物参加，制造神秘感。通过活动带给受众更多的仪式感。

2. 场景化

在增强仪式感方面，场景化是不可缺少的元素之一，即用户看到某个场景就会立即联想到某个产品，比如，看到飘着满满一层辣椒的火锅，你会很自然地想到怕上火，喝某款凉茶。当然，每个人的体质不同，可能凉茶不一定会去火，但是能够想到这个点，说明该款凉茶已经和"上火"完美连接在了一起。这就是场景化的作用。

这也就是为什么我们强调社群活动要有特定的口号或动作，每次活动开始前都要重复一遍这个动作，或者是入群门槛之一就是要通过某项考核，比如，必须上传本人近照，社群成员列队欢迎等，就是仪式感的作用。

3. 互动性

社群活动不只是嘉宾的主动分享，社群运营者也可以设计某些环节，让成员参与进来，比如，将成员分组，然后在小组内轮流当组长，或举办没有嘉宾参与的成员分享会，让成员间彼此认识熟悉，再就某些主题性问题进行讨论。当然这是个长期的过程，不可能只通过一两次线下活动即可达成目标。所以，更需要社群运营设计一些特别的环节，增强互动性。

社群运营者将线下活动办得丰富多彩，当然会有益于社群发展，同时，也可以发动成员的力量，让成员参加进来。更重要的是制定一些有仪式感的活动流程、特别环节、游戏、互动或分享，既能分享干货，也可以活跃社群气氛，带动更多围观群众加入进来。

做好会后反馈与引导

众所周知，中国移动 10086 有客户满意度的评价系统，以系统短信形式发送，邀请客户对移动的人工服务进行如实客观评价。对移动来说，这是收集服务满意程度的反馈信息，对客户来说，通过给服务打分的行为告知移动自己的使用情况。

客观来说，这是对双方都有利的评价系统，对社群活动来说也是这样。人走散场，看似活动已经结束，但是还有最后一个环节，即会后反馈，比如，让用户填写"活动满意度反馈表"，了解用户对活动的满意程度以及改进意见。

特别是大型活动，涉及的内容非常多，需要社群运营者进行多方面的信息收集和反馈工作。事实上，反馈工作和监控体系贯穿在整个活动中，所以，不仅要做好反馈总结，还要在活动过程中加入监控因素。比如，成员数据，有多少人报名参加，活动当天有多少人实时签到。

在活动满意度方面，可以使用专业的问卷调查工具进行会后反馈信息的收集，比如，问卷星，就是一个专业的在线问卷调查、测评、投票平台，使用方便，还可以直接下载调查数据，进行系统分析，具有效率高、质量高、成本低的优势。

其中，涉及一个重要问题就是社群成员通过什么样的渠道进行反馈，除问卷星等专业工具之外，社群运营者还可以运用社交网络平台。比如，社群内的微信群、微博、QQ 群等针对性比较强的工具进行信息反馈统计，以开放式的心态对待活动过程中以及后续可能出现的问题，及时纠正总结才最有利于开展接下来的工作。社群运营者还要安排专人负责整理相关意见和建议，便于优化今后的活动。

有了反馈渠道，也收集了反馈信息，就需要将这些信息整理出来，对活动进行归纳总结，一般来说，活动反馈总结需要包含以下五个方面的内容，如图 7-9 所示。

图 7-9 活动反馈总结五个方面的内容

1. 活动背景

做总结前要对活动事件进行总体回顾，特别是针对一些不了解活动细节或负责其他项目的社群运营者，活动总结既是对自己的阶段性总结，也可以给其他同事提供借鉴帮助的机会。所以，在总体前交代清楚活动整体背景是非常重要的内容。

2. 活动目标

即本次活动或方案需要达到的目标有哪些，活动时间是什么时候，邀请嘉宾有哪些，分享主题是什么。这些活动细节都需要写在总结的前面，方便其他的运营者清楚具体情况。

3. 活动效果

这里的活动效果指的是本次活动最终达到了什么样的效果，最好要有数据支撑，当然，不能只讲成果，没有达到的目标或效果不理想的部分也要标示清楚，实事求是才能够真正进步。

4. 活动分析

以数据为例，仔细分析数据代表的实际意义，社群运营者在这个过程中有什么需要改进或疏忽的地方，成员对此有什么意见或建议。要详细列出具体的解决措施，针对数据和实际情况做出改进意见，既要看到优势也要看到不足。最重要的是要将本次活动得出的经验总结运用到下次活动中，使合适的意见能够真正落地，实现运营效果。

5. 后续计划

后续计划主要是针对今后活动的方向性指导意见，如根据本次活动得出的经验总结，下次活动应该如何做更有实质效果，应该避免哪些问题等，为后续活动提供经验。

获得活动反馈信息以及相关数据，认真做出详细总结，才能使社群活动越办越好，特别是在落地实施方面，每次活动都有进步，才能使社群越来越规范化，成员也越来越积极。活动总结既是给领导的回报，也是活动执行效果最终的反馈成果，取其精华，去其糟粕，也是社群和运营者进步的一大秘诀。

既然是总结，就需要有一定的特点，社群运营者可以按照总结的特点归纳活动经验，便于下一阶段的社群工作。具体说来，总结具有一定的个性化、回顾性、客观性和指导性特点。

个性化：反馈总结是由社群内的某个活动负责人或团队撰写，一般来说这些人全程参与了活动，站在"我"的角度分析活动，能够直观看到一线活动的问题和成果，包括成绩、经验、教训等内容。

回顾性：像年终总结一样，总结性文案更像是回过头去看活动一样。在活动前期更多的是对活动进行规划和展望，期望达到特定目标，但是在活动结束后则是对活动进行回顾总结。这两部分内容贯穿活动始终，是整个活动的重要部分。

客观性：总结过程中，要对过去活动的实际情况进行真实记录，将客观因素和主观因素都一一列举出来，包括相关数据和活动过程，切忌胡编乱造、美化事实，否则会使社群活动的总结失去原本的意义。

指导性：这点对应活动反馈总结四个方面的最后一项，即对后续计划产生影响。社群举办线上线下活动是为了获得更好的发展，而从实践活动中获得经验总结则对后续活动有指导性作用，以事实为准客观地总结正反两方面经验，社群运营者也要给予高度重视。

除了强调反馈总结的好处以外，还要在活动反馈的形式方面有所创新，这样才能更好地知道活动效果如何。

比如，活动结束以后，在群内发起点赞活动，列出活动的部分人员名单，让成员自由选择想要点赞的人，同时向其发红包，具体金额范围可以根据社群情况而定。这样，可以在活动结束后延续成员的活动热情，并且给予突出贡献者实质性奖励，而奖励的金额和范围由社群和成员协商确定，既能分担支出也可以获得支持。

第三节　具体操作方法

前面两节讲述了社群线上和线下活动的各个方面，本小节就从社群的相关细节问题入手，为大家解读社群活动的具体操作方法。比如，如何维护社群活跃度，避免变成僵尸群，如何做好地面沙龙，加强社群成员关系黏度，并且结合两则案例，以及红包这个大家普遍喜欢的形式，综合性介绍社群活动实操性内容。

如何维护社群活跃度，避免变成僵尸群

社群能否为社群成员营造参与感直接影响成员对社群贡献度的高低，而社群的优质产品也是维持社群活跃度的重要因素，接下来，通过三个案例为大家详细介绍。

小米手机自诞生之初就主打高性价比，比如，同样的配置，小米手机的售价竟然比三星报价低一半。最重要的是，小米利用有且只有一款爆品的手段，聚集了大批小米粉丝，奠定了小米社群的根基。全球顶尖品牌苹果就是这样做的，尽管每年只出一款手机，但是照样打下了智能手机市场的半壁江山。

短短 4 年时间，小米粉丝从最初的 100 人发展到数千万，可见米粉高速增长的态势，米粉们通过线下社区与大量策划活动大大增强了与小米的品牌黏性。小米官方数据显示，2011 年 9 月—2013 年 10 月，小米共举办 469 次活动、发生事件 58 次，平均每月举办 21 次营销活动。

另外，小米还通过爆米花奖、同城会、米粉节等活动，使得小米的粉丝群紧密地联系在一起，形成了一种文化与人格上的感召力，以及与认同粉丝的共振感。2010 年 8 月 16 日，小米发布第一款手机时，只有 100 个用户，小米把这 100 个用户称为"梦想的赞助商"，到 2016 年，小米用户超过 1 个亿。

除了生产智能手机并依靠粉丝的力量迅速崛起的小米科技公司外，还有汇聚了众多中年企业家极客的白酒粉丝社群——酣客公社。

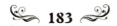

酣客公社的酣客白酒标榜千元的品质，百元的价格，品质与茅台不相上下，但售价却只有茅台的 1/6。直到现在，酣客公社也只生产了一款酣客白酒，而市场上其他酒厂上至茅台、五粮液、剑南春，下至二锅头、老村长，超几十种的白酒类型，仅五粮液一个知名品牌就有 36 款白酒产品。

酒与互联网，看似没有任何联系，却因为酣客公社的崛起发生了新的化学反应。酣客公社一年有四次酣客节、一次酣客粉丝代表大会，同时，全国各地分社还有不限次数的高频率酣友汇。酣客公社应用"工厂+粉丝+顾客"的模式，从生产端直接传递到粉丝端，运用粉丝的力量影响和引导消费者的决策。酣客白酒的所有顾客都是粉丝，所有的粉丝都是酣客白酒的忠实顾客。

酣客白酒的销售链条中没有中间渠道商、经销商、代理商等环节，完全依赖粉丝口碑推荐。2014 年 4 月酣客公社第一次封测，大约有 200 个元老酣客参加，到 2016 年，酣客公社在全国各地有 40 多个分社，共包括 12 000 多名酣客，人均客单价 10 000 元以上。

说完了白酒，再来看看茶油领域的资源整合典范——大三湘茶油。

大三湘茶油的品质高于特级初榨的橄榄油，南山会社群成员可享受 7 折价格。从 2012 年开始，大三湘茶油将 13 个品项消减到 1 个主打品项，茶油销售过程剔除了一切中间环节，直接将原香山茶油从工厂送到家，打造"互联网+农业"的新兴社群形态。

大三湘茶油在 2013 年 8 月开始实施以企业家为主体的会员制模式，同时，建立社群——南山会，南山会实行付费会员制，会员被称为"湘亲"，南山会社群以"携手十万精英，建设幸福乡村"的理念，为会员提供新鲜的茶油。

山会的入会费为 10 000 元，其中，7 000 元用于茶油消费，其余 3 000 元相当于六年的会费。南山会成员不仅可以优先享受到高端的茶油产品，还可以免费参加会员活动、茶花主题旅游、茶油礼品定制等优惠活动，甚至可以自己冠名某座茶山。大三湘南山会的创始会员只有 60 多人，到 2016 年初，大三湘南山会已经在全国拥有 5 000 多名湘亲会员，会员续费率高达 90%，还多次举办不同主题的线下聚首活动。

优质产品、简单互联网销售法则以及频繁的线下互动活动，是小米、酣客公社和大三湘茶油这三个特色鲜明的社群的共通之处，社群活跃度也非常高。同时，社群活跃度也成为许多社群创建者和运营者的难题，社群成员的积极性难以维持，很容易就成为僵尸群。所以，这也是本小节要解决的重点问题，如图 7-10 所示。

图 7-10　维护社群活跃度的两个着手点

一是常态性活动，再好的线上活动也要利用线下活动进行巩固，使成员形成实质性的"关系捆绑"，而线下活动就可以为这种捆绑提供平台和理由。这也是社群长期活跃的重要因素之一。

二是特色性活动，这主要是区别于常态性活动，社群要有辨识度就要有与其他社群表现出与众不同的地方，比如，特色性活动就是一种很好的实现形式，从社群产品和特点出发，在形式和创意方面下功夫，设计出相对封闭的线下活动，以保证社群成员的参与感和互动性。社群维护和建设就是从这些活动中构建起来的，社群运营者需要不断坚持和及时总结。

结合前面的三个案例以及维护社群活跃度的着手点，可以看出，社群活跃度的关键性因素还是社群成员的参与感问题，因为社群与成员不是单纯老师与学生的关系，而是有互动有输出的双向循环关系。

参与感扩散的背后是弱用户关系向高信任度的强用户关系进化，社群运营者首先要让用户成为品牌的粉丝，然后让粉丝获益。功能与信息共享是最初步的利益激励，然后是荣誉和利益，只有让目标用户真正获益，参与感才能够持续，活跃度才能稳定提升。

还是回归到小米的案例，在线下活动方面，小米通过同城会、爆米花等活动，与粉丝见面，与粉丝一起玩，将粉丝的需求嵌入到产品研发中，完全引爆粉丝的参与感。

一般来说，传统行业的品牌营销过程是先打响知名度，再有产品，伴随其成长的是美誉度的培育和扩散，最后是维护忠诚度和活跃度。相对来说，小米社群在品牌营销方面始终强调忠诚度，并且，通过口碑传播不断强化这一理念。

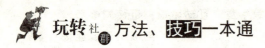

产品型社群是这样，其他社群也可以借鉴其优秀之处，将社群与成员紧密联系在一起，增强参与感和双向互动，才能持久维护社群的活跃度，避免社群沦为僵尸群。

如何做好地面沙龙，加强社群会员关系黏度

根据马斯洛需求层次理论，当人类在生理和安全方面的需求得到满足后，其社交需求就出现了，社交的根本原因在于寻求归属感。

经常参与社群的人会发现，在微信群或 QQ 群聊了一个月，不如见面聊一次。因为见面聊天的时候，更容易与对方建立联系，也使对方更加立体化。

在不同的城市，定期举办一场线下沙龙，以一对一解决读书过程中的问题为主题。通常会由当地读书会的负责人来组织，每次邀请一个城市的 15 至 20名会员加入，进行读书分享活动。通过标准的沙龙流程，负责人只需要按照具体的步骤去执行就可以。例如选取一个时间、一个场地，大家交流一些读书心得或感受。

线下沙龙是组织者为了一个目的，进行一系列的活动。这时组织者需要考虑两项内容，一是目的，二是预期。

那么如何确定目的和预期呢？我们可以拿出纸和笔记录下来，自己组织这次活动要基于什么需求，实现哪些目的。例如，我们做了一款新产品，而用户量特别少，那么对于这一需求，这次活动的目的就是寻找种子用户。例如，我们做的产品已经很成熟，进入正常的产品迭代周期，这时组织活动在于强化品牌影响力，凡此种种，不一一列举。

我们根据这些需求，锁定每一场沙龙活动的目的。有了目标后，我们就需要将过程进行细化，细化之后，我们就需要对最终的效果进行大致的预期。一般来说，预期是可以量化的，我们可以采用多种方法进行验证。例如我们为了获得种子用户，就需要一个数字预期，预期的目的是与最终的结果进行对比，进而进行以后的布局。我们设置好目标和预期后，就需要对策划案中具体的项目和细节进行安排。

活动类型可以分为线上活动和线下活动。线上沙龙主要是依靠 QQ 群、微信讨论组、YY 等社交工具而展开；线下活动就是我们要讲的地面沙龙，例如

我们请三位嘉宾聊一聊干货、分析行业形势的活动。

线上活动的最大优势在于灵活性，它不需要出行就可对一些内容进行讨论，不过缺点就是时间较短，用户关注度难以集中。而线下沙龙则更为正式，可以直接和嘉宾进行面对面交流，时间上有保证，利于参与者积累人脉资源，如图 7-11 所示。

图 7-11　活动的两种形式

活动形式可以分为主办和协办两种。第一种是以运营者为主体，可以是单独主办，也可以邀请其他单位共同举办。第二种的主体是其他运营者，自己作为参与方。相对而言，第二种会更省时、省力，当然效果会打折扣。

我们做社群的时候，一般运营者是主办方，邀请其他方进行协办。

在举办沙龙活动的过程中，容易出现两个问题。

问题一：一场沙龙目的过多。当然，我们在推广产品或服务时，可以有多个目的。不过根据以往经验，设置一个目的，效果会更好。

问题二：目的与活动类型关联度不高。经常参加沙龙活动的人会发现，有些活动的目的与类型相关度不高。例如，一些能在线上解决的问题，专门去组织一次线下沙龙，效果会打一定的折扣。

对于协办方，我们可以根据以下原则进行寻找，如图 7-12 所示。

图 7-12　协办方寻找的四大原则

1. 影响力巨大的企业

这些企业参与举办，会引起更多企业和个人的重视，甚至有些人参加这个活动就是为了看这些企业的。

2. 和自身产品相关的企业

邀请相关的企业进行协办更容易形成品类定位优势。

3. 创新企业

例如协办方可以在做活动中，带去自己的机器人产品，那么这样的企业对观众影响会比较大，也对活动的举办更有促进作用。

4. 协办方一般不超过 3 家

这也是约定俗成的规定，因为协办方过多，参与者的精力就会过于分散。接下来我们就整理出基本信息，如图 7-13 所示。

一	活动主题
二	演讲嘉宾
三	活动时间
四	活动地点

图 7-13　活动基本信息

1. 活动主题

这场活动是什么主题？确定主题后，与嘉宾进行提前沟通，以确保到时所有演讲企业的内容都要围绕着这个主题来进行。

2. 演讲嘉宾的确定方面

从两个角度来讲：一是演讲者要能讲出东西。有些嘉宾口才好、干货多，他们在台上讲的时候，往往能够吸引大家的兴趣。二是嘉宾身份尽可能地高。在满足第一条的情况下，身份越高，影响力越大对听众的吸引力会越大，从而对实现沙龙活动的目的也越有利。

3. 活动时间

正常情况下，一场沙龙需要提前一个月进行策划，将一些流程、细节安排好。至于参加活动的时间，周一至周五参加活动的人会少一些，因为大家需要上班，可以适当地安排在周六或周日。

4. 活动地点

对于创业型的企业来说，选在创业咖啡馆比较好。如果出现经费问题，还可以考虑联合创业空间、孵化器这样的地方进行合作。在这个层面上，孵化器里的团队本身就可以作为听众，而且如果你是一款创业者开发的工具，这样的合作也有助于你自身产品的推广。同时，有些孵化器还具备拉投资的能力和丰富的行业资源。

案例一，以产品为介组织互动

2016 年 10 月 25 日，小米发布年度旗舰双曲面屏新款手机 Note2，11 月 1 日在官网正式开卖，不到一分钟即宣告售罄。小米 Note2 采用 5.7 英寸显示屏，1080P 分辨率，双面 3D 玻璃机身，OLED 柔性屏幕来自 LG，搭载骁龙 821 处理器，用户可以选择亮黑色、冰川银两种颜色。

关于售价，官网报价有两种方案，标准版 2799 元，高配版 3299 元。可以看出，一贯走低价优质路线的小米手机，也开始跻身 2500 元的智能手机高端定位市场。

而从 2016 年上半年小米手机的表现来看，小米 Note2 可谓重任在肩。根据全球领先的市场研究公司赛诺（Sino）发布的数据显示，2016 年上半年，中国智能手机市场整体销量约为 2.5 亿，小米总销量约为 2 366 万台，位列第五名，前四名分别是华为（4 377 万），OPPO（2 902 万）、苹果（2 766 万）、vivo（2 555万）。

单从数据来看，小米与第一名华为的销量相差 2 000 万台左右，而与自身相比，小米 2015 年全年总销量约为 7 100 万，而 2016 年上半年，小米销量仅为 2015 年的三分之一，可以说，2016 年小米的销量压力不小。虽然销量只能从一个角度看出品牌表现，但是也最能够直观反映手机的品牌趋势。所以小米在 2016 年下半年隆重推出 Note2，意味深长。

小米一向推崇粉丝互动的参与感，即与粉丝深度互动，沉浸式参与，甚至具体到产品的研发和生产环节。最初，小米也是从零开始，以产品为媒介组织互动，从线上扩展到线下，从设计理念到实体成品，从同城会到爆米花活动。

当初在开发小米手机系统（MIUI），启动小米营销计划时，雷军下达了一个指标："零预算"将 MIUI 粉丝做到 100 万用户，而让小米真正崛起的力量也是前期寻找的 100 个忠实用户。后来，小米在米粉节上公布了一部微电影，名叫《100 个梦想的赞助商》，以此表达对粉丝的感谢。直到 2016 年，这 "100 个用户"带来的舆论力量也是经典的营销案例。

而在"零预算"的总要求下，主管小米营销的负责人黎万强选择论坛为阵地，建立小米手机论坛，寻找"同盟者"，满世界泡论坛，找资深用户。小米手机论坛也从最初的资源下载、新手入门、小米学院的技术性版块，延伸到酷玩帮、随手拍、爆米花等生活化版块。

小米与粉丝互动，增强粉丝参与感，总体来说有四个方面的内容，如图 7-14 所示。

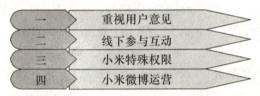

一	重视用户意见
二	线下参与互动
三	小米特殊权限
四	小米微博运营

图 7-14 小米与粉丝互动的四个方面

1. 重视用户意见

那时，小米掌门人雷军每天坚持用一个小时回复微博、论坛等在线社交工具上网友们的评论，甚至连小米的工程师也加入论坛大军，完成"指标性"任务，按时回复各种帖子。据统计，小米论坛每天有实质内容的帖子大约有 8 000 条，平均一名工程师每天要回复 150 个帖子。而且，在每一个帖子后面都附带一个自动状态栏，显示这个建议被采纳的程度以及解决问题的工程师 ID，这样贴心的可视化细节让用户感受到自己是被重视的。

2. 线下参与互动

此外，和其他论坛在线式交流不同，小米有一个强大的线下活动平台——同城会，开拓线下市场。小米官方每隔半月都会在不同的城市举办"小米同城会"活动，根据后台分析确定举办城市的顺序，哪个城市的用户多该城市就会获得优先举办同城会的权限。

在活动宣传方面，小米在论坛上登出宣传帖鼓励用户报名参加，每次活动都会邀请30～50个用户到现场，与小米工程师当面交流。由此一来，用户的意见或建议可以获得最大限度的实现与尊重，无疑大大增强了用户黏性和参与感。

3. 小米特殊权限

除了营造参与感，小米还积极与米粉交朋友做互动，这既是小米的企业文化，也是一种全员行为。对此，小米赋予一线员工比较宽松的权限空间。

比如，面对用户投诉或纠纷时，客服有权根据自己的判断，自行赠送贴膜或手机小配件。另外，小米也非常重视人性化服务，曾经有用户打电话说，自己买小米是为了送给客户，客户拿到手机还要自己去买贴膜，太麻烦了。于是，在配送之前小米客服在订单上加注了"送贴膜一个"优惠服务，让这位用户真切感受到了小米的贴心和关怀。

在权限方面，一线或客服人员有特殊权利，小米也同样赋予用户权利——成立"荣誉开发组"，是小米论坛的神秘组织，让组成员试用未发布的开发版，甚至参与高度机密产品的开发。尽管这种方式存在一定风险，但也给予用户高度的荣誉感和认同感，让粉丝愿意投入更多精力和热情参与产品的研发、升级。

4. 小米微博运营

小米手机有专业的微博运营团队，吸引小米粉丝在微博平台对小米进行实时关注，小米微博团队运营工作的重点就是，运用互联网的热点事件吸引粉丝们的注意，进而升级为小米的铁杆粉丝，即发烧友。当然，这也与小米"为发烧而生"的口号相一致。

尽管不排除水军的存在，但是微博本身的开放性、兼容性和互动性也为小米的成长提供了足够的空间。粉丝在微博上对小米进行关注，转发和评论相关微博话题，实时互动。借用微博这个社交网络平台，小米与粉丝真正实现了一对多，甚至一对一的低成本、高效率互动。

小米将用户伴随式成长的概念融入自己的手机中，成功的同时，小米也运用忠实粉丝和优质产品创造了科技企业快速成长的神话。可以说，小米的营销能力和对粉丝互动的洞察是其他同类企业效仿的经典范例。

小米运用粉丝的力量推动一个初创型企业在短短几年时间里完成高速增长，跻身智能手机市场排行榜的前列，所以说，粉丝和产品是企业运营的重要部分，具有战略性意义，社群运营工作也是如此。以产品为媒介组织互动，能够有效增强社群成员对社群的黏性，因为社群成员可以从社群互动中感受到真正的价值，获得成长。

 案例二，以兴趣为介组织互动

成立于 2014 年底的次元社是一款专注于二次元的兴趣型社交应用，主要聚集了一批对二次员感兴趣的 90 后、95 后甚至 00 后的年轻群体。在次元社，用户可以根据自己的喜好看帖和发帖。另外，次元社为满足更多"泛二次元"群体的需求，也支撑轻度创作内容，用户可以上传自己的作品。

一般来说，二次元即二维平面世界，在这里，"次元"指的是"维度"，英文名称是 Dimension。二次元的称呼始于日本，属于 ACGN 用语，ACGN 是英文 Animation（动画）、Comic（漫画）、Game（游戏）、Novel（小说）首字母的缩写。在 ACGN 所代表的文化中，"二次元"代表着假想幻想、虚构架空的意思。因为早期的动画、游戏作品都是通过二维图像表达，即用平面图像的方法表现各种主题，所以叫"二次元世界"，简称"二次元"。相对来说真实的现实世界则叫"三次元"，即立体的三维世界。

次元社以兴趣为凝结点，吸引对二次元文化感兴趣的年轻用户，而且，上线不久就获得了高度认可，比如，腾讯应用宝小红花奖、百度应用金熊掌奖、"华南十佳应用"以及"广州最美产品"榜首，并且在 2015 年 10 月获得了"最佳手机应用及技术平台奖"。

中国著名的第三方权威数据机构艾瑞咨询发布《2015 年中国二次元行业报告》，次元社成为其报告的数据采样来源。截至 2016 年 10 月，次元社已经拥有超百万用户和上万个群组，其中，"手绘"群组的入驻人数超过 25 万，原创作品超过 10 万张。

另外，用户可以在次元社进行有关 ACGN 内容的探讨，还可以在轻度创作的范围内按照自己的兴趣进行改图、创建次元当领主，还可以发帖、点赞、评论、私聊。满足用户在二次元世界的各种需求。比如，领主可以自主运营管理自己的次元，类似于一个群组，折叠次元内的帖子。

在线下互动方面，2016 年 6 月，次元社与 Cosplay 社团举办了"吉祥物嘉年华"活动，由真人扮演各种卡通漫画形象，比如，次元社的吉祥物次元酱。再加上广州地铁的吉祥物 YOYO 以及大家熟悉的柯南、鸣人、阿狸等动漫形象真人版，在广州地铁的站台和车厢内为乘客带来了一场不一样的二次元之旅。

次元社专注于用户的使用体验，在次元社 APP 中游戏化的设计元素，将用户兴趣细分为不同的兴趣小组，比如，前面提到的手绘以及表情制作。这样可以吸引精准用户，保持用户热情和互动频率。另外，有了之前的成功运作，次元社的未来规划中，已经将优质内容的 IP 化制作引入范畴，比如次元社独有的 IP——次元娘。

次元社的快速发展也得到了资本支持，2015 年 10 月，次元社获得由道昇基金领投的千万级 A 轮融资。在次元社的创建初衷以及未来构想方面，次元社创始人吴晓丹说："次元社希望真正为优秀的用户去生产他们喜欢的内容，然后帮他们分发。无论未来怎么变，我们都会坚定初心。"

次元社以兴趣为介，组织用户进行线上线下互动，因为兴趣本身就带有磁场力，能够吸引有着相同偏好的人聚集起来，而次元社的群组机制又能够让用户自由创作、自主讨论，甚至发起活动，扩展渗透到其他群组。形成群内的有效互动，甚至还可以在线下组织聚会活动，构建一个以共同爱好为核心的社群。

以兴趣偏好建立起来的社群能够让社群具有更强的关联性，同时，次元社本身的运行架构就鼓励用户创建新的关联，打通兴趣闭环。根据兴趣、创作、场景甚至地区等不同的条件筛选和搭建活跃细分群组，频繁互动，这些有利条件也是次元社获得快速发展的重要原因之一。

总体说来，以兴趣为结合点吸引用户的社群，要注意以下三个方面的问题，如图 7-15 所示。

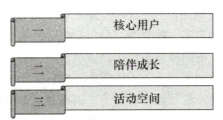

图 7-15　社群以兴趣为介吸引用户的注意事项

1. 核心用户

核心用户对兴趣类社群的作用就像是一家公司里具有中流砥柱作用的元老级员工，虽然没有太多的决策领导权，却发挥着重要作用。比如，在核心用户的带动下，一大批外围用户或围观者进入社群，在社群门槛的作用下屏蔽不合适的用户。

而允许进入的用户发展成为核心级别的用户则对社群的发展有着至关重要的作用，所以，以兴趣为介吸引用户方面，社群运营者要特别注意核心用户的选拔与培育。

2. 陪伴成长

兴趣是天然黏合剂但也有保质期，所以，社群运营者要注意用户与社群的同步问题，即陪伴成长，这个过程当然离不开核心用户的关爱。就像刚刚出道的艺人一样，刚开始没有太大的名气，但始终有极少数的粉丝坚持不懈地关注，从广州连夜赶到北京只为参加一个短暂的见面会或一场演唱会。

即使到后期艺人大红大紫后，收获更多粉丝，这批原始粉丝也会继续陪伴其走更长的路。社群运营者也要注意建立一些陪伴成长的机制，将用户融入其中并见证社群的成长历程。

3. 活动空间

儿童要有玩具才能满足娱乐游戏的需求，人们要有房屋居住才能满足睡觉的需求，有顺利上路的火车、汽车才能满足人们出行的需求。所以说，人类的需求需要有物质载体才能获得满足。

同样的，社群互动中要有活动空间才能完成社群活动目标，这里的活动空间不只是线下活动需要的实体性空间，也包括线上活动的虚拟空间。而在这个活动空间内不宜制定严格的社群条例规范成员行为。相反，社群运营者需要建立和执行奖励和激励体制发挥成员的主观能动性。

相比陌生人之间建立起来的社群圈子，以兴趣为介组成的圈子反而更容易维护，因为兴趣本身不带有过多的人为不确定因素。比如，今天甲因为有事情不能到活动现场，明天社群主管有临时状况不能管理社群微信群，后天丙因为不高兴所以没有及时发布重要通告。

尽管这些问题可以通过社群规定避免或弥补，但过多的人为管理反而限制了成员的活动空间。而以兴趣为介社群可以将大家始终凝聚在某个点上，因为兴趣本身是固定存在的，很少有人今天喜欢户外旅行，明天就不喜欢了。

　　所以，以兴趣为介吸引用户时，社群运营者要特别注意以上三点问题，也可以将这三点作为技巧运用到社群工作中。兴趣是源于个人本能的天然元素，具有鲜明的个性化特征，而以此组织起来的社群才有更多的发挥点，以此增强社群互动性，巩固和壮大社群队伍。

为什么发红包的社群话题比较多

　　支付宝作为国内领先的第三方支付平台，也是阿里巴巴最具有竞争力的产品。经过十多年的发展沉淀，到 2016 年，支付宝已经积累了 8 亿注册用户和 2 亿钱包用户，年度活跃用户超 4 亿。

　　2016 年除夕夜，支付宝联合央视春晚开展"咻（xiū）一咻"抢红包活动，累计互动次数达到 1 808 亿次。这些数据说明，支付宝在人们生活中已经占据了重要位置，成为真正的国民级第三方支付应用，同时，支付宝本身也具有超强的系统稳定性和安全性，强大的技术支持保证了用户的财产安全。

　　另外，还有 2016 年支付宝的"迎五福，抢红包"活动，就是支付宝用户只要集齐了五张福气卡就有可能分享亿万红包。最后支付宝 2.15 亿红包被 79 万人平分。在抢"五福"期间，"敬业福"是最难抢到的。这时，有社群运营者就利用"敬业福"这个关键词引爆支付宝的生活圈，甚至加满了支付宝群。这就是利用支付宝自身的热点事件凝聚社群成员，也是支付宝要带动自身社交化的本意。

　　支付宝除了先进的在线支付手段，拥有亿万级别的用户量外，还可以成为社群运营者进行运营的有力工具，比如，通过支付宝发红包。尽管目前来说，人们对支付宝并没有形成高度黏合的社交化使用习惯。

　　目前，支付宝已经创建了比较完善的支付体系，服务功能也很多，所以，社群运营者可以使用支付宝收取入群费用，发红包等，可以营造喜庆的氛围，带动群内活跃度，沉浸式参与，实现社群与成员以及成员与成员之间深度连接的目标。

除了支付宝以外，还有微信群里的抢红包活动，比如，社群运营在微信群内发红包，让大家主动抢。运用得当，红包对社群建设具有很强的积极作用，也是激活社群成员活跃度的重要手段。总体来说，发红包可以有两种方式，如图 7-16 所示。

图 7-16　发红包的两种方式

一种是普惠式红包，即为社群成员发定向红包，每个人可以领取一个红包，具体数额可以根据社群情况而定，主要是营造一种喜庆的氛围，给成员制造一种惊喜的感觉。比如，重大节假日元旦、春节、中秋节、五一、十一等。

一方面，节假日期间，大部分人都处于休假期间，心情愉悦，这时发个红包更能给成员喜上添喜。另一方面，节日红包不仅是获得现金奖励，也表示社群对成员的关心和重视，可以增强社群成员的归属感，提升成员之间的互动频率。

另一种是指定性红包。社群要对有贡献者给予适当奖励，派发红包就是一种方便快捷的方式，所以，社群可以建立相关制度，对符合条件的成员发放红包。还要在群内明示表扬，既是对红包获得者的肯定，也能够激励其他社群成员，提高社群活跃度。

当然，发红包更多的是一种激励性措施，强调"弱关系"形态下的连接，所以，不能将红包作为加强成员黏性的根本性手段。如果社群活跃度只靠红包维持，一旦红包停止，社群成员的活跃度就消失，这样会使社群进入死循环的状态。

拓展到生活中，人们也非常欢迎发红包和抢红包，比如，红包发放者通过发红包，获得别人的欢迎和认可，而抢到红包的人除了获得经济收益外，更重要的是有一种心理满足感，即使只抢到了几块钱甚至几分钱。

在微信群中抢红包可以以较小的成本获得不确定的回报，就像买彩票一样，这种付出与投入的比例关系也促使人们对抢红包有非常高的热情度。特别是红包总量小，但抢红包的人数却非常多时，红包就成为一种稀缺物，这也符合稀缺心理。

美国哈佛大学经济学家森德希尔·穆莱纳桑（Sendhil Mullainathan）和普林斯顿大学心理学教授埃尔德·沙菲尔（Eldar Shafir）在《稀缺》（*Scarcity*）一书认为，当人感觉到自己缺少某些东西时，思维会受到限制。比如，印度的农民在收获甘蔗前的智商测试结果竟然比收获之后的分数低，因为在收获前他们会遇到资金紧张的大问题。

可见缺乏某项需要的东西或资源会使人的大脑以及思维处于限制状态，降低敏捷度和对未来前景的乐观估计。所以，相对来说穷人更懂得节制，否则的话，会常常处于物资或资金紧缺的状态。

拓展到抢红包也是如此，红包大家都喜欢，自然成为稀缺物品，所以，也更能调动剩余的热情和注意力，这也就是发红包的社群话题比较多的重要心理原因。

第 8 章

留存阶段：持续输出价值，
沉淀出真正的群员

↘ 第一节　留存率计算方法

↘ 第二节　决定留存率的三大因素

↘ 第三节　社群变现方法

当社群经历了前期的吸引与互动阶段后，就进入用户留存阶段，主要指标是用户留存率的高低，社群运营者可以用留存率计算公式直观感受运营质量的动态变化。在保持留存率增长方面，有三大主要因素，包括优质内容的价值输出、社群公信力的构建以及粉丝效应与用户认同感。综合这些影响因素，都是要为社群成员营造一种归属感，进而为社群变现提供基础，电商、代言、赞助成为社群变现的三大元素。

第一节　留存率计算方法

用户留存率可以用特定的公式表示，即留存率=参与人数/成员总数量，当成员总数不变时，参与人数越多代表留存率越高。当然，影响留存率的因素有很多，社群运营者在获得相关数据以后，从分析着手。比如，差异化维度和针对性解决，将各种因素尽可能考虑到社群运营中，提高运营的总体质量和效率。

留存率=参与人数/成员总数量

本章主要内容是社群的留存问题，本小节给出的公式是留存率=参与人数/成员总数量，接下来，为大家举一个简单的例子，便于理解。

比如，一款游戏类 APP 在 2016 年 4 月 1 日正式上线，到 5 月 1 日新注册用户增加了 500 人，这 500 人里在整个 5 月份启动并使用过的人数是 250 人，到 6 月份是 200 人，到 7 月份是 150 人。所以，说明 4 月份增加的这 500 个新用户，一个月后的留存率是 50%，两个月后的留存率 40%，三个月后的留存率是 30%。也就是说，留存率=参与人数/成员总数量。

如果这款游戏 APP 能够给新增加的用户带来更优质更畅快的用户体验，能够满足用户的核心需求，那留存率也不会太低。

由上可以看出，影响留存率的关键性指标是在单位时间内的参与人数与成员总数，所以，社群运营者可以从新增成员和活跃用户入手，即使社群成员总数量保持不变，只要参与人数增加，用户留存率也会比较高。这就要求社群能够在质量和保留用户能力方面有所突破。

如果将整个社群成员比作一个水池，留存率的变动就是随着时间变动，既有新加入的用户，也有流失的用户。在这个动态过程中有两个关键点，就是新增用户数量和流失用户数量，优质社群的留存表现当然是新增用户数量大于流失用户数量，也就是说，有进有出，但总体上进大于出，这样水池里的水才不会干涸。

而且，单位时间也会根据不同社群有不同的变化，比如，是日留存还是七日留存，或者是半月留存，又或者是月留存、年留存。

知道了影响社群用户留存率的关键因素，就需要对这些因素进行具体分析，以便提高用户留存率。在用户留存分析阶段，社群运营者可以从以下两个方面入手，如图 8-1 所示。

图 8-1　分析用户留存率的两个着手点

1. 差异化维度

差异化维度指的是从不同侧面对用户留存率进行分析，包括时间、具体行为等。以时间为例，通常来说，社群运营者会以某段自然时间进行分析，比如，10 月 1 日到 11 月 1 日这一个月时间内，用户的留存状况，以此做出统计形成报表。

同时，还要对用户行为进行分析，例如，日留存率低的原因是什么，用户有什么理由退出社群，或没有报名参加活动，或者是没有按时上交社群嘉宾布置的作业等。如果是社群方面的原因，社群运营者需要及时跟进，做出反馈信息。差异化维度就是以多方面分析的方式，从各个维度了解用户留存率高低状况的影响因素，进而做出相应调整。

2. 针对性解决

社群运营者掌握了用户留存率的相关报表数据以后，为了进一步提高运营效果，在对用户行为分析的基础上，有针对性地解决才是最核心的问题。当然，一味地追求数据结果并不一定对提高社群运营工作有帮助，因为数据，只能从

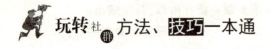

绝对性方面反映问题，而社群与用户的实际关系要远比这些数据复杂。

比如，针对社群论坛的新增用户这个影响因素来说，社群运营者可以通过监测用户发帖情况进行分析。例如，一天之内新增 20 名论坛成员，这些成员都是由相同渠道进入，其中，三天时间内看过 5 篇帖子并随即回复过的用户占 9 名，而只看过 1 篇帖子的用户是 2 名。

由此可以得出简单结论，即看帖数量会对提高用户留存率有一定帮助。所以，社群运营者要从优质帖子入手，把握发帖质量。

用户留存率的公式是社群运营者衡量社群工作质量的工具性数据，具有一定的指导性意义，单位时间内用户留存率高，说明社群的总体运营状况比较良好，反之则是较差。

因为社群本身就是由成员构建，组成一个有机体系，所以，成员的留存状况直接影响到社群运营工作的整体健康度。与此同时，用户留存率也广泛用于互联网时代的互联网产品，比如 APP 等。综合以上信息，可以看出用户留存率对社群有重要意义，社群运营者要高度重视。

第二节　决定留存率的三大因素

本节主要讲述决定留存率的三大因素，包括持续价值输出补充新鲜内容、利用社群平台构建公信力、强大的社群粉丝效应提升用户认同感。分别从价值输出、社群公信力以及粉丝效应的角度论述留存率问题。最根本的还是要从内容、运营的各个方面提升用户体验，同时，为社群聚集一批具有忠诚度的粉丝，这样的社群才能留下用户，让用户持续创造价值。

 持续价值输出，补充新鲜内容

美国芝加哥投资机构——消费者情报研究合作伙伴（CIRP）最新研究报告披露的数据显示，使用亚马逊 Prime 会员服务越久，用户越倾向于选择续订服务，也就是说，消费者使用 Prime 会员越久，用户留存率越高。这当然是亚马逊乐意看到的结果，也说明亚马逊作为非常出色的电商巨头和科技企业，在用户心中具有比较高的认可度。

亚马逊能够吸引用户进而获得高留存率，除了先进的高效物流外，更重要的是能够抓住用户的心，驱动用户选择续订服务。

　　拓展到社群运营中也有相似之处，留存问题直接折射出社群质量的高低，而影响留存率的三大因素之一就是是否有持续的价值输出，能够为社群以及成员补充新鲜的内容。

　　比如，用户加入付费社群以后，隔了一段时间就退出了，说明社群没有真正留下该成员，造成了成员资源流失。应对方法之一就是让用户感受到加入社群确实有作用，进而才会留下来，参与社群建设，与社群共同成长。具体说来，社群运营者可以将用户留存率进行深度细分，制定具体的实施计划以提高用户留存率，也就是说，减少用户流失，特别是在用户加入的初期阶段，变动非常大。

　　接下来以 APP 为例，简单叙述一下用户留存率的波动情况。一般来说，用户留存率经历比较常见的心理波动，刚一开始，当用户下载某个新的 APP 以后，用户留存率在一周之内，往往会呈现剧烈减少的下滑状态，有的用户可能根本没有打开 APP，有的是只用了一次即卸载，还有的是逐渐爱上它。

　　随后进入分岔路口，大部分用户会面临留下或离开的选择，因为随着用户对 APP 功能的探索，会发现该 APP 符合自己的要求，选择继续使用。也有的用户会认为价值不大，进而选择离开。这种选择是伴随着与 APP 关系的拉近而产生的波动。

　　走过了分岔路口，用户留存率逐渐进入比较平稳的阶段，深度使用用户成为 APP 的粉丝，甚至是铁杆粉丝，僵尸用户选择沉睡，或者直接卸载离开。

　　用户对待 APP 的心理变化和用户留存率的波动也可以反映到社群运营当中，特别是最初一周时间的留存度变化，一般来说都非常激烈。所以，社群运营者要做好留存率工作，比如，第一天加入社群，第二天就退出，或者是一周以后退出。社群运营者要针对这部分流失的用户进行深度探讨，用户为什么刚一加入就退出？有什么办法可以留住他们？

　　而能够留住用户的一大因素就是是否有持续性的价值输出，能否补充新鲜内容，从价值和内容方面征服用户，及时定期更新社群内容，为用户输出有价值的内容。具体说来，社群运营者可以从以下三个方面入手，如图 8-2 所示。

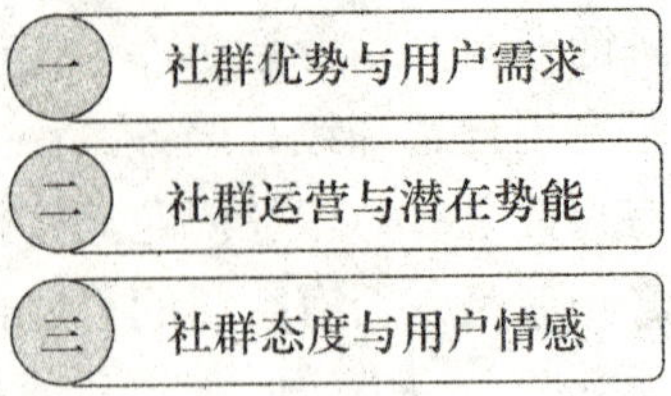

图 8-2　价值输出的三个方面

1. 社群优势与用户需求

不同类型的社群具有不同的特色和优势，比如，工具型社群以为用户提供专业知识或技能为主，满足用户对知识的需求；产品型社群则以产品为核心聚集一批忠诚粉丝。所以，在价值输出方面，社群运营者要将社群定位与用户需求相对接捆绑。

比如，社群组织线下活动，成员参与热情不高，到场率也不高，排除不可控制的客观原因外，例如天气影响等，社群运营者就需要思考社群本身的问题，就像网页的跳出率非常高一样，肯定有让用户不满意或不能满足用户需求的地方。这就对社群运营者提出了更高要求，即充分发挥社群优势的同时，满足用户的个性化需求。

2. 社群运营与潜在势能

满足用户需求以后，从用户角度看，还需要社群运营挖掘潜在势能，或者引导社群成员挖掘自身潜力，将成员意想不到又有实际需求的价值内容给到消费者，搭建出更多符合使用场景的内容和价值。

3. 社群态度与用户情感

有价值的输出不一定是有形的实物或专业知识，也可以是一种态度或情感，比如，社群内部以自由精神为引导，注重社群成员的自我发展，相对来说群规没有那样严格，这就比较符合那些渴望自由不希望有过多约束的成员，使他们更快融入社群。

当然，用户流失是必然存在的现象，就像再优秀的企业也会有员工选择离职一样，运营要控制用户流失，但是也可以运用用户流失筛选更多符合条件的种子用户和铁杆粉丝。

从这个意义上说，用户数量也不是越多越好。如果用户数量快速突破百万甚至千万级别，却没有好的运营机制，就会给社群带来非常重的负担。所以，我们更强调用户的质量，以及对社群所起到的积极作用，而不是单纯强调用户留存率的高低。

利用社群平台构建公信力

大多数情况下，每个人的手机都安装了很多应用程序，但事实上，能够使用的应用程序包括第三方程序并不是太多。有些程序只是在下载之后当时打开过，可能以后就再没碰过。这样的用户行为当然不利于应用开发商。业务分析公司 Localytics 的数据显示，有近四分之一的用户的第三方应用打开一次就删除。可见，用户留存率确实是个大问题。

应用程序可能不会得所有用户芳心，社群也应该懂得用户的留存率问题背后反映的是社群自身的问题，本小节就重点探讨一下社群平台构建公信力的问题，如图8-3所示。

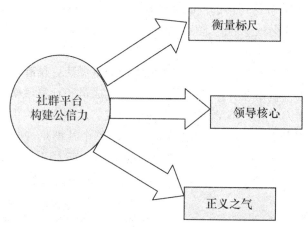

图8-3 社群平台构建公信力的三个方面

1. 衡量标尺

社群在运营以及日常运转过程中，各项工作要有衡量标尺，这里的衡量尺

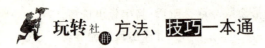

度不单是指各项考核指标，也包括制度的执行落实情况。另外，要横向对比相关竞品，对标相应数据，这样才能真实感受到社群的差距，得出的数据才有权威性，一家之言并不能服众。

2. 领导核心

社群的领导核心本身就具有一定的话语权，相应的也会有权威性的元素包含在内，社群成员会关注领导或核心人物的一言一行。所以，社群领导者要对自己负责，对社群负责，不能夸大海口或有不实之处。

领导处在团队前列是为了给后继者起到榜样的作用，发现问题及时沟通解决，特别是涉及利益问题，社群领导者要以公开、公正、透明的态度向成员公示，相关问题征求成员意见和建议。这样的社群才会让众人信服，有公信力可言。

3. 正义之气

知名的政治哲学家、美国哈佛大学教授约翰·罗尔斯（John Rawls）在所著的《正义论》一书中指出，"正义是社会制度的首要价值，正像真理是思想的首要价值一样。"理解这句话的同时要结合社会现实来看，公正性不仅是政治的永恒话题，也是社会秩序的基础规范，没有公正就没有社会的正常运转，正义之气也不会惠及更多的人。

社群是一个浓缩型的社会，但又比现实社会更灵活更精准，帮助社群正常运转的秩序性条件就是拥有正义之气，包括社群成员和社群风格。这样的社群才有真正的公信力存在，不单单是社群内部的成员，也会影响更多的人。

社群有衡量标尺，领导起模范带头作用，整个社群形成一股正义之气，这样的社群平台才有权威性和公信力，即使成员没有太多，但成员们也会遵守社群规则。如果有不合理或与潮流相悖之处，也会有力量阻止，纠正社群运行轨道。

 强大的社群粉丝效应提升用户认同感

用户认同感在很大程度上都来源于社群粉丝效应的带动，当粉丝对某个社

群或品牌以崇拜的姿态看待时，那粉丝崇拜的就不仅仅是一个具体化的产品或产品本身，而是代替社群或产品与粉丝交流的人格化形象。比如，粉丝常常会将自己认可的产品想象成自己的朋友或家人，这样粉丝的情感才能够渗透到社群建设中，从而将粉丝和社群紧紧捆绑在一起。

其实，乔布斯时代的苹果就出现过这样的一种形象，即"苹果=乔布斯"这样的品牌和人格形象的结合。苹果粉丝购买苹果智能产品时，在粉丝的潜意识中将苹果产品幻想为乔布斯的人格化替身，因此在这样的情况下，粉丝购买的不再是产品本身，更是为一种情结买单。这也是粉丝对于乔布斯个人崇拜的表现之一，并通过购买产品进行映射。

但是，苹果公司却没有刻意性强化乔布斯和品牌之间的形象关联，也没有将乔布斯升华为苹果公司的企业品牌形象。尤其是 2011 年乔布斯去世之后，对乔布斯的淡化反而越来越明显，原本"苹果=乔布斯"的形象已经逐渐消失殆尽。所以，不得不说，这是苹果公司的营销策略上的失误，也是对乔布斯这个天然品牌财富的浪费。究其原因，可能是苹果不想在乔布斯去世以后还拿他本人"说事"吧。

苹果公司继任者库克和乔纳森将粉丝营销视为多余之物，反映出来的突出问题是，苹果公司对全球市场营销环境变化的反应并不是特别敏锐。尽管苹果已经自建广告营销团队，但是，和乔布斯粉丝带来的收益比起来，并没有太多值得炫耀的业绩数据支持。

让人更遗憾的是，苹果自建的广告团队和其他广告公司并没有太大区别，尤其是乔布斯的人格形象已经成为苹果品牌形象最佳载体时，苹果公司却没有在这方面有过多的作为，反而将重点放在产品和品牌的联系上，赋予品牌人格化形象，试图让品牌在粉丝面前产生眼前一亮的特效。

苹果手机虽然是全球智能手机领域中的领跑者，但是缺乏故事营销的支撑，苹果粉丝对于乔布斯深度崇拜的观念性基础也正在消失。

根据全球著名的市场研究公司 IDC 发布的最新报告数据显示，2016 年第三季度，苹果手机出货量为 4 550 万部，比去年同期的 4 800 万部减少了 250 万部，即下滑 5.3%，市场份额由去年同期的 13.4%下滑至 12.5%。并且有分析师预测，2016 年可能是苹果史上比较艰难的一年。

现在，对于苹果粉丝而言，购买苹果的原因可能是"苹果是当前最好的手机或是平板"，而因为"乔布斯的个人崇拜而产生的粉丝情结"正在淡化，从某种角度来说，这是苹果没有好好运用乔布斯的个人魅力以及粉丝力量的后果。

这种附着在品牌背后的人格形象的逐渐退化，是乔布斯时代好不容易产生的一种精神元素，到2016年已经出现衰败迹象。因此，乔布斯时代的苹果和库克时代的苹果最大的区别就在于苹果用户中的粉丝比例正在大幅度地下降。在后乔布斯时代，苹果的用户虽然有所增长，但是对于苹果的情感却在削弱，这很有可能成为苹果的历史转折点。

对于粉丝效应和用户认同感方面的内容，通常做法是通过加强品牌宣传以及强度，加深用户印象。比如，现在市场上的很多产品或品牌商都会邀请明星，特别是一线明星代言以塑造和强化品牌形象。好处是可以运用明星效应，带动粉丝效应，以强化产品的人格化特征。

无论是乔布斯时代，还是当下的库克+乔纳森时代，苹果粉丝对苹果的忠诚绝对靠谱，而对社群运营者来说，如果没有像乔布斯这样划时代的人物，如何凝结与动员社群成员？用户留存率是否成为难解之题？

从世界大环境来看，全球正大步跨入移动互联网时代，至少对发达国家和部分发展中国家来说是这样。用户留存率就成为反映用户与社群关系的重要指标之一，也反映和见证了用户从初期的不稳定到稳定，再到活跃的忠诚用户的过程。

提升用户认同感可以运营粉丝效应，当然粉丝效应也要与社群以及社群特性相结合，这就要求社群运营者从构建粉丝团队和种子用户着手，围绕社群运营工作营造用户认同感。如果说运用粉丝效应提升用户认同感的话，社群运营就需要从社群营销的多个方面为切入点，准确连接社群与粉丝，如图8-4所示。

搭建信任链条　　重视精准传播　　做好社群运营

图8-4　社群运营提升用户认同感的切入点

1. 搭建信任链条

任何营销都以信任为基础，没有信任就无法产生相对的交易行为。在社群营销过程中，获取符合条件的成员资源是重要的内容，但是更重要的是搭建一条完整的信任链条，形成社群与成员双向互动的可持续循环关系。社群运营能够为成员提供良好的展示平台和价值获取渠道，成员能够信任社群，形成粉丝效应，这样的话，提高用户留存率就有了坚实的基础。

而且，运用社群粉丝效应能够将这种信任链条转移到线下场景中，紧密互动巩固关系，社群也可以更加了解成员需求，巩固社群结构。

2. 重视精准传播

精准传播是保证产生粉丝效应的主要渠道，随着社群人员数量的增加，社群功能也在不断丰富与完善，相应数据也处在动态的变化中。因此，社群运营者要重视传播的精准度和吻合度。

生活中，随处可见的小广告并不能有效地大规模吸引精准人群，所以，社群运营者要认真思考成员的真实需求，当社群传播与社群成员偏好吻合甚至精准对接时，粉丝效应才能够更加有驱动力和号召力，用户留存率在初期才不会急剧下滑，甚至会在后期稳步提升。

3. 做好社群运营

社群当然离不开运营，甚至可以说运营是社群能够存活的重要支撑力，运营包括多项内容，有产品运营、渠道运营、粉丝运营等。在基础层面，社群运营者要做好社群成员的拉新、留存和促活三个主要方面的工作，这些工作也是提高用户留存率的重要内容之一。同时，社群运营要配合社群战略核心，推动整个社群向着正确的方向发展前进。

社群存在的意义是使成员学习到新知识，获得成长和更多的利益价值，而脱离实际的低效率社群运营工作却很可能会导致成员将社群屏蔽、拉黑或者直接退出，这样一来，用户留存率就成了没有意义的课题。

所以，社群运营要将粉丝效应作为提高用户留存率的重要渠道和途径，在价值输出和公信力的基础上，运用粉丝的力量，形成病毒式传播效应。

第三节　社群变现方法

在社群留存阶段运营者要想办法从各个角度突破限制，为留存用户找到价值输出渠道，相当于用自身的优势吸引用户留下，与此同时，也可以运用变现的方法为用户创造不肯离开的理由，比如，加入电商、代言或赞助元素。这些

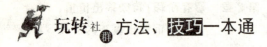

元素能够为用户带来不一样的体验，进而形成依赖性和信任感，接下来将介绍这三种社群变现方法。

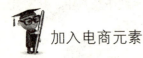 加入电商元素

社群变现道路上的第一个元素就是电商，社群电商不是对传统电商的简单翻修，而是两者深度融合后的立体化延伸，也可以称作一种新的商业经济形态。在过去，用户管理倾向于以会员形式进行整合，将客户看作一个单独个体，分析其行为。而社群与电商的融合是在网络社交工具的平台上对用户进行深度挖掘，形成粉丝经济。

接下来将以社群电商茵曼为例解读社群与电商的融合之路。

在 2016 年天猫双十一全球潮流盛典上，著名艺人范玮琪身着一袭白色迪士尼公主裙，客串模特走秀，姿态优雅从容。范玮琪的这身公主裙就是由汇美集团与迪士尼 IP 跨界合作打造的系列公主服饰之一。汇美集团旗下品牌有茵曼、生活在左、初语。而茵曼以独特的"棉麻艺术家"的品牌定位和"素雅而简洁、个性而不张扬"的品牌形象获得众多都市年轻女性的青睐。

2015 年，茵曼品牌创始人方建华推出"茵曼+"概念，开启线上线下全渠道的战略布局。茵曼作为著名的淘品牌，以独有的棉麻生活创意吸引了众多粉丝。通过在全国范围内搭建茵曼实体店网络，消费者可以购买任意产品，不只是服装，也包括衣架、配饰等。这样茵曼粉丝可以在自己家中复制另一个"茵曼家"。

在线下实体销售方面，茵曼"粉丝社群"将利益着力向加盟商倾斜，比如，只要消费者在茵曼实体店有过购物行为即可成为茵曼粉丝，如果未来继续产生消费行为，系统将为第一引流的实体店匹配分成。对这种捆绑关系，粉丝可以自主决定延续还是解除。

粉丝是电商的核心竞争力，汇美集团（茵曼母公司）副总裁蔡颖解释说，"品牌发展的未来就是粉丝社群的打造。让大众认可你的品牌文化，与品牌一起走下去是这个模式的核心。店主让更多的消费者进店，并认可店铺的服务，绑定的粉丝越多，收益必然越多。我们的核心就是把产品交易过程变成了粉丝的交易过程，这将传统店铺的理念整个都颠覆了。"

线上线下都可以找到茵曼，这就是社群的力量，而粉丝可以根据对茵曼社群的评价掌握主动权，所以，茵曼的门店数量增长成为必然，因为与品牌价值观相符的粉丝会买单。如图 8-5 所示为打造目标粉丝群体的三种方法。

图 8-5 打造目标粉丝群体的方法

1. 明确目标

勒庞的《乌合之众》认为，群体会设置一个既定目标是群体与个人的最大区别。比如，打造一个减肥类社群，运营者就必须设定一个月减重几公斤的目标。

社群能够持久存在的原因是对未来的系统性规划，而不是让大家漫无目的地讨论该做什么事情，应提前设定目标，大家向着该目标前进。社群的电商性元素也将目标融入规划中，比如，双十一期间线上渠道的销售目标是多少，是五千万还是一个亿？为了实现这个目标，社群电商应该如何布局，这就是明确目标下的规划指导。

2. 仪式规划

当你通过一个清晰的目标成功号召一群人之后，还需要设置一种稳定的仪式。马云称将双十一打造成一个购物节日，并且要持续 100 年，就是为了使阿里巴巴的粉丝社群具有强烈的仪式感。同样的道理，社群活动的仪式化对于品牌也具有重要意义。

快速养成固定仪式的办法就是设定某个固定时间完成相同的事情，习惯成自然。比如，上班打卡就是通过固定参与时间，并在长期的仪式化中让员工形成习惯，达到降低员工迟到率的目的。

3. 统计反馈

最后，社群需要对成员情况进行及时反馈，包括意见或建议，而且，社群也可以运用特殊小创意增强粉丝的荣耀感，比如，360 安全卫士在用户开机界面自动显示"击败了全国百分之××的电脑"的百分比。进而对用户形成激励作用，也可以掌握用户使用情况，便于统计反馈真实情况。

社群与电商之间离不开目标粉丝的支持，同时电商，特别是移动电商，也展现出新的发展趋势。根据《2016 移动社交电商行业数据报告》显示，2013年至 2016 年，中国的商家规模增长速度迅猛，2016 年商家规模超过千万，到2018 年市场规模有望突破万亿。与此同时，到 2020 年，社交电商将有十倍以上的拓展空间。

而社群也得到了突破性进展，艾瑞咨询发布的《2016 年中国网络社群研究报告》显示，社群 3.0 时代已经悄然到来。也从侧面反映出到 2020 年的这两到三年时间内，电商和社群会以强烈的发展趋势加速到来。谁能把握住风口谁就离成功更近一步。

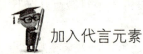

加入代言元素

如果问到 2016 年的春天哪位韩国男艺人火速爆红？答案肯定是宋仲基！2016 年 2 月 24 日，韩国水木迷你连续剧《太阳的后裔》开播，宋仲基饰演的男主柳时镇也成为众多女孩迷恋的最佳男神。宋仲基本人也一跃成为人气爆棚的新的"国民老公"，网友戏称，宋仲基俘获了从中学生到大妈各个年龄段的女性粉丝的心，其代言的产品当然也成为众多粉丝和媒体关注的焦点。

2016 年 4 月，国产护肤品牌珀莱雅抢占此波热潮，趁热打铁迅速签下宋仲基为其代言人。如今，签约代言护肤品已经不再是女星的专属，男明星们也成为新护肤品时代的代言宠儿。

比如，2016 年 2 月，韩后重金邀请金秀贤作为其代言人，金秀贤是 2013年底大热韩剧《来自星星的你》的男主角，随后活泉也邀请韩国"国民弟弟"安宰贤作为自家护肤品代言人。

随着韩剧风靡中国，多个韩国男星也顺利晋升"国民老公"行列，比如，从李敏镐到金秀贤再到宋仲基，可见国内的广大女性是看一部热门韩剧换一个"老公"。品牌商当然不会错过这个绝佳机会，所以花重金邀请当红韩国男星代言。

在 2016 年韩后十周年趴晚会上，韩后称要在未来三年实现年销售额 50 亿，打入本土护肤品牌的前三甲，并且在十年之内实现百亿级企业目标。可见，韩后的野心确实不小。韩后掌门人王国安甚至放话："如果未来每年都实现增长

80%，不出 10 年，韩后就能超越欧莱雅。"

要知道，韩后在 2010 年还是一个本土二线品牌，经过五六年的品牌营销形象建设，现已经拥有数千万忠诚消费者，2015 年的销售收入同比增长 59.3%。归根结底，肯花重金力邀一线明星为其代言，是韩后品牌营销战略取得显著效果的重要筹码。

另外，在技术布局方面，韩后与韩国 CCH 公司控股合作，成为其股东，借助市场资本的力量整合顶级生物工程技术资源，开启全新的海外市场格局。还与韩国爱茉莉太平洋集团在设计方面有所合作。韩国爱茉莉太平洋是世界著名的化妆品集团，也是韩国第一、全球排名前 20 名的护肤品企业，旗下有多个明星子品牌，包括雪花秀、兰芝、悦诗风吟、洛俪塔等。

在品牌建设中，明星代言是非常重要的催化剂，如果营销得当，就会将品牌快速推到消费者面前，并且能够获得一批忠诚用户，以及在全国范围内开展加盟代理业务，甚至跨出国门，主动到海外探寻新市场。

品牌商邀请当红明星代言无可厚非，但是也要从整体利益考虑，比如，邀请什么样的明星与自身品牌最匹配，代言费能否承受，合作模式方面有什么新的创意等问题。而且，明星也不是越红越好，更重要的是与品牌相符，最好能在明星身价大涨前即有预见性的签约，后期对品牌建设也有无形的提升性作用。

为了使明星代言带来更多的有益结果，品牌商需要考虑的明星特征如图 8-6 所示。

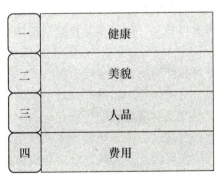

一	健康
二	美貌
三	人品
四	费用

图 8-6　选择明星代言需要考虑的因素

1. 健康

从大自然和人类进化的规律来看，拥有健康体魄的人往往更聪明，患病概率小。而明星代言也是这样，品牌商要选择形象健康、积极向上的明星作为其代言人，因为身体健康能够承受工作压力，形象健康能够传递正能量。

2. 美貌

在这个看脸的时代，当然要将美貌作为重要加权项考虑，这不是在贬低相貌平凡的人，而是从视觉和营销角度强调，高颜值明星代言的重要性。人们普遍认为，相貌上等的人在同等条件下拥有更多优势，这种情况在职场表现得较为明显，高颜值的人在求职面试、工资薪酬、绩效考核等方面，也会因为美貌溢价的存在而获得更多好处。

3. 人品

品牌商邀请明星代言一定要选择那些人品正直、没有不良嗜好的明星作为代言人，还要求其工作态度积极，过往历史清白简单。选择什么样的明星代言就代表了企业的价值观，当然要慎重选择。

4. 费用

除了以上考虑因素外，明星代言的费用当然也是品牌商要考虑的重要经济因素之一，当然，人气越高的明星报酬也会越高，比如，像范冰冰这样的超一线明星代言费往往高达 8 位数字。品牌商要根据自己的实际情况进行评估，综合各项营销因素，制定合适的代言方案，最大程度发挥明星对产品的带动作用。

以上四项虽然是针对品牌商聘请明星代言而言的，但是也适用于社群变现，加入代言元素本身就包含明星代言。当然，社群不像品牌商那样，有非常明显的商业目的，但是变现也就是实现盈利的过程。

所以，社群运营者在变现过程中如果要加入代言元素，也要从各个方面考虑代言人以及代言模式与变现的互换关系，既要让成员接受代言内容，又愿意掏钱购买社群产品，甚至主动向身边的家人朋友推荐。

加入赞助元素

2013 年米粉节时，小米对外公布了微电影《100 个梦想的赞助商》，这是继首部微电影《我们的 150 克青春》后，小米的第二部微电影。该微电影是为了向曾经默默支持小米 MIUI 的最初的 100 个用户致敬，并将这 100 个梦想赞助商用户的名字投放在大屏幕上，放映现场，很多米粉感动得热泪盈眶。

影片讲述了一个小镇青年舒赫的故事，舒赫在 100 个梦想赞助商的帮助下，成功地从最初的洗车工转变为出色的赛车手。整个影片采用茶褐色的色调，以极其真实的手法表现了一种扎根于土壤努力向上生长的力量，也寓意小米的成功离不开这 100 个用户以及后来千万级米粉的支持。米粉是小米成长路上的支持者、推动者、见证者甚至参与者。

有了用户的支持和赞助，品牌商才能在市场中站稳脚跟，甚至一跃成长为同行业的佼佼者。同时，赞助这个营销过程中的关键名词，也非常值得研究。

说到赞助以及冠名权，不得不提各大卫视的一线综艺节目，比如，仅在 2015 年一年间，财大气粗的伊利集团在湖南卫视《爸爸去哪儿》、江苏卫视《最强大脑》以及浙江卫视《奔跑吧兄弟》三档高收视率综艺节目上投入的冠名费用总计高达 9.66 亿元。

湖北武汉的著名零食企业良品铺子豪掷 2 亿元赞助《爸爸去哪儿 3》，相对于巨额收入，当初一家卖坚果的小铺子，在 2015 年销售额高达 45 亿元，2016 年，良品铺子凭借 60 亿销售额成为中国休闲零食品牌之首。良品铺子当然掏得起 2 亿元的赞助费。

而赞助超高人气综艺节目超级亲子 IP《爸爸去哪儿》是良品铺子成为全国品牌的关键性事件。公司总裁杨银芬介绍，当时《爸爸去哪儿 3》节目组要到湖南某个地方拍摄，但该地没有良品铺子的门店，当时，公司派一组人马紧急到当地，从选址、租店再到开门营业，只用了短短 7 天的时间。可谓是真正的"良品速度"。虽然赞助高知名度节目本身就会获得比较高的营销回报，但是，赞助商本身的实力和执行力也是促进自身高速发展的有力保障。

2016 年 10 月，湖南卫视《爸爸去哪儿 4》开播，由电视综艺转战网络渠道播出，荷兰奶粉品牌诺优能 Nutrilon 夺得节目冠名权，冠名费用的具体金额并没有明确透露，但根据 2015 年伊利的 5 亿猜测，诺优能的冠名费用肯定也不会太低。另外，广告赞助商还有美国迪巧和绘儿乐。

高额的赞助费用与节目知名度成正比，知名度越高，赞助费用也会水涨船高。在节目中加入赞助元素，品牌商当然能够凭借节目扩大影响力，使品牌效应得到最大化释放，从这个层面来说，赞助商和节目组两者都会获益。

引入赞助商元素，能够为节目带来充足的资金支持，而对社群营销来说，赞助也是一种重要的社群变现方法。比如，社群的微信公众号已经拥有很高的粉丝基数，就可以适当植入商业赞助的广告元素，有了商业赞助商家，就会为粉丝购买产品提供一个渠道和途径。

而且，目前线上的宣传方式已经将成本降到很低，比如，在群内发一条广告，成本和风险都非常低，但是到达率却很高，社群成员打开手机微信就能看到。这时社群变现就成为水到渠成的事情。

当然，运营社群不应当一开始就引入变现模式，因为初期的社群在管理模式和运营制度方面尚未成熟，贸然引入赞助等变现模式会给社群带来不好的影响，比如，社群成员会误以为该社群只是纯卖货的圈子，而遮掩其价值输出的内涵。

所以，社群运营者应该在实施变现方案前，从整体布局出发，注重传播质量。比如，也许你不是逻辑思维和吴晓波频道社群的粉丝，也未加入其中，但只要对社群这个行业有一点了解就肯定听说过。这说明这两个社群在某种意义上已经成为业界范例，因为他们已经成功探索出社群商业变现的循环模式，而不是简单的离散型商业圈子。

社群要实现变现目标，加入赞助是方法之一，但是也要注意社群形态的三个阶段，如图 8-7 所示。

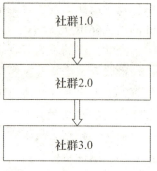

图 8-7 社群形态的三个阶段

1. 社群 1.0

按照正常的发展路线，社群要经历从 1.0 到 2.0 再升级到 3.0 的过程，才能谈及变现盈利的问题，即搭建好社群的完整形态，才能够回归和实现商业性价值。

社群处在 1.0 层次时，面临的主要问题是生存问题，社群创建者创建了社群的雏形，同时要保证其拥有自身特色。比如，社群属于某个垂直细分领域，其宗旨是帮助领域内的特定群体，提供价值。这样的社群才能具备存活的可能。

2. 社群 2.0

社群在 2.0 时代时突出商业元素，比如，社群能够在内部或外部资源中找到可能在未来为社群买单的那批人，这批人不仅限于社群成员。而且，在信息传播方面，社群已经建立相应机制，通过微信群、QQ 群或沙龙等地推活动进行信息传达和兑现，能够在闭环条件下提供持续性的价值输出。

3. 社群 3.0

在社群 3.0 时代，社群可以在平台基础上实现人与需求的无缝对接，社群为本体，技术为支撑，人为核心，社群进入真正的商业化盈利阶段，这样才能实现社群运营的最大价值。这个阶段的社群已经实现或超出垂直领域的刚性需求，扩展到更为广泛的群体需求，社群能够以开放共享的形态服务更多的人。

严格来说，社群要在 3.0 时代才能走上真正的成熟形态的变现道路，但是，社群创建者要在社群成立初期为社群注入变现基因，这样社群到后期越来越壮大，变现才能更加顺利。赞助是一个最直接最有效的方法，但是，社群运营者也要根据赞助的内容和模式以及对社群的影响等，进行综合性衡量，只有对各方都有利才能达成赞助合作。

第 9 章

社群时代趋势：有关社群的未来畅想

↘ 第一节　社群趋势特征

↘ 第二节　万法归一，社群会是什么

该章主要解读社群的时代趋势，即对社群未来进行有依据的畅想。社群的未来趋势主要包括五个方面的内容，这五个方面是以人类关系发展和社群现有基础为依据，描述社群的可能趋势。另外，在社群本质问题探讨方面，社群究竟是什么，也是本章的主要课题。用一句话概括，社群就是流量入口，也是无所不包的连接器。具体含义，本章最后两个小节会进行详细解读。

第一节　社群趋势特征

在农业社会和工业社会，人与人之间的关系主要由地缘来构建，比如，血缘关系，乡缘关系；而后工业社会，互联网和移动互联网的兴起以及普及，改变了人们的生活方式和思维方式，世界"缩小"为一个地球村，陌生人之间可以建立好友关系。这些变动在社群内部也会有所反映，比如，社群成员完成角色转换，社群价值渗透到更深层次等。

 界线递减：从强关系交际圈至弱关系交际圈

在工业时代及工业时代以前，人类社会的关系还是依靠强关系建立起来的交际圈，比如，血缘关系、地缘关系。老舍先生笔下的《四世同堂》，一大家人住在一起，也是过去很多乡土关系的具体体现，即使环境糟糕生活困顿，人们也不愿轻易迁徙。

这种对血缘和地缘的依恋在现代也很常见，比如，大学毕业生赵欣通过亲戚介绍，在当地找到了一份工作。吕依大学毕业以后没有留在大城市，而是回到老家，并考取了一个公务员职位，因为她认为在异地漂泊会很辛苦，想和家人在一起。

这就是建立在亲朋好友基础上的强关系，简单来说，强关系就是人际关系网络中频繁联系的个体之间有这样的特点：他们所处的环境相同，在固定的地理范围内，能够比较容易地实现面对面交流，而且，人与人之间有比较强的情感连接。

而互联网、移动互联网的发展和普及使得这种由强关系建立起来的交际圈

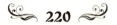

的界线正在逐渐弱化，向弱关系倾斜靠拢。比如，网络上两个互不相识的人通过 QQ 建立起好友关系，相互添加微信或关注微信公众号以后，从对方的空间里能接触到截然不同的思维理念。并且，往往这些人都不是自己的亲朋好友，在现实世界中是真正的陌生人关系。这就是弱关系的表现。

而社群的特征之一就是强弱关系的界线递减。比如，在社群内，起初大家并不认识，但是因为有着相同的兴趣偏好而进入社群，在群内大家开放共享，互通资源，甚至通过一场聚会签下一笔订单。这就是弱关系下的社群特征。而从强关系交际圈至弱关系交际圈，也是社群的未来趋势。

著名的社会学家、美国哈佛大学教授马克·格兰诺维特（Mark Granovetter）曾提出弱关系理论，该理论认为弱关系的存在加速了信息流动，减少了信息间的不对称。

比如，有位医药公司老板想要聘请一位技术人员，于是向从事媒体工作的朋友咨询，正好这时去报社的推销员听到这个消息，将该消息告诉给自己的上级，而这个上级的侄子今年 6 月份要获得生物博士学位，于是，直接向媒体朋友询问了详细信息。最后，上级的侄子成功应聘到该职位。

在这个"七拐八拐"的关系中，雇主聘请到了符合条件的人才，而求职者也在毕业之际顺利找到了工作，这就是弱关系条件下的信息流动。而对社群来说，弱关系也有非常重要的作用。

混沌大学创办人、中欧商学院教授李善友在解释社群网络的核心时曾说："得弱关系者得天下"，意在指出社群中的弱关系非常重要。

众所周知，社群本身有成员，有忠实粉丝团体，像明星一样，有自己的粉丝后援会。而社群中要有一个核心人物或意见领袖，来召集和凝聚这批人，也就是铁杆粉丝。铁杆粉丝本身就是一个小的节点，若干个节点组合成立体形态，就能够迸发出巨大的力量，自行生长并扩展。这同样也是弱关系的力量。

社群的存在和建立突破了以往人类社会的强关系连接，将界线递减为弱关系连接。而人脉关系圈似乎也证明了这点。所以，找工作时，同学关系圈或同乡会可能不是最佳的选择，而且最亲密的朋友可能也帮不上忙，因为相互之间的关系资源重叠率非常高，甚至冗余多过价值。而弱关系形态下，只有一面之缘的人反而能够提供更有用的信息。

同时，在这种弱关系作用下，互联网就成为搭建弱关系最合适的平台。因为互联网汇聚了大量的雇主和求职者信息，突破了血缘和地缘限制。而社群可以提供或满足这些关系形态需要的条件，所以，社群是弱关系形态的最新代表。

初心回归：从内部活动到共同价值

"我们已经走得太远，以至于我们忘记了为什么而出发。"这是世界文学巨匠、黎巴嫩著名诗人纪·哈·纪伯伦（Kahlil Gibran）在《先知》里发出的感叹。走得太远会忘记当初为什么出发，简单的一句话却隐含了深刻的道理，而古语中的"不忘初心，方得始终"就是对这句话最好的注解。

初心是最初的信仰，也是在困境中能够坚持下去的信念，做任何事情都是有目的的，社群也是一样。创建者在最初建立社群时，是为了解决特定问题或实现某种理想，但是，随着社群发展壮大，人数增多，关系也随之复杂起来。所以，社群很可能会逐渐背离当初的"初心"，这也是社群创建者和运营者需要避免的问题。

社群要始终谨记最初的信仰，就需要从团队建设开始，搭建一个可再生的自循环架构，在这个架构内，社群能够自行运转且不会偏离轨道。这样的社群才会始终保持一颗初心，当然，凡事没有绝对，不能说仅凭一个架构就能够保证社群永远正常运转。但是如果社群自身带有强大的再生基因，即使在未来偏离轨道或者是遭遇困境，经过时间弥补也能够再次恢复生机。在这里，向大家介绍一下海星模式和蜘蛛模式。

海星模式的说法来源于著名组织思想家奥瑞·布莱福曼（Ori Brafman）和罗德·贝克斯特朗（Rod Beckstorm）联合创作的亚马逊年度十大商业畅销书——《海星模式》。

海星是一种广泛分布于海洋浅海沙地或礁石的棘皮动物，身体呈扁平状，多数有五个腕，看起来像五角星一样。海星的独特之处是有特殊的再生能力，即腕、体盘和管足受到伤害或被切断以后，还可能重新长出，生成一个全新的海星。所以，海星对环境的适应能力非常强。

与海星模式相对的是蜘蛛模式，当蜘蛛被砍掉脑袋或切断肢体时，会元气大伤甚至直接死亡。

这两种模式对应在企业管理中，蜘蛛模式代表传统的企业组织形态，即公司领导处于最高层和中心，然后逐级下向拓展，形成金字塔结构。而海星模式则是去中心化，是扁平化的管理形态，组织结构看似松散无序，但是却能够正常运转，当受到外界打击以后，也可以迅速恢复，焕发出新的生命活力。

在社群管理中也是如此，要以海星模式组织社群结构，在搭建社群平台时就需要把握五个要素，如图 9-1 所示。

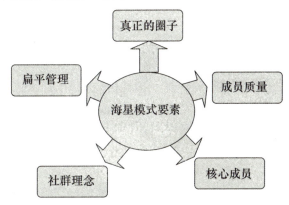

图 9-1　海星模式下社群的五要素

1. 真正的圈子

社群能够组建成一个圈子，是因为有成员在其中，成员悉数离开，社群也就没有意义了。所以，社群要建立真正的圈子，在圈子内，成员能够自由交流，而不是为了做活动而做活动，或者一味强调活动规模和参与人数，要看在这场活动的小圈子里完成了多少有意义有价值的事情。

2. 成员质量

海星多数只有五个腕，不算多，但也能够使其自由生长活动。社群成员也是这样，在保持一定数量的基础上，社群运营者要注重成员质量。所以，在初期，社群不适合大规模增加成员人数，也不要过于看重成员增长规模。要知道，身材臃肿的大象转个身都不是那么利落。

3. 核心成员

可以说，核心成员对社群的发展具有非常重要的意义，他们对社群有强烈的认同感和信任感，愿意为社群建设贡献力量。所以，社群运营者要重视这些核心成员，善于运营核心成员的力量扩展社群。即使有强大的再生能力，海星也需要保护好自己的关键部位，而社群核心成员就相当于海星的核心部件。

4. 社群理念

除了初心，社群也要用理念凝聚"乌合之众"，理念一致有共同目标，大家才能坐在一起谈事情，社群也一样。信仰是看不见摸不着的思维层面的东西，但它却能够深刻影响人的行为。

5. 扁平管理

虽然第四章已经提到扁平化管理，但本小节的扁平管理侧重于去中心化，特别是领导人的去中心化。这也是海星模式和蜘蛛模式的本质区别，海星没有所谓的脑部器官，这也是其能够再生的重要原因。社群领导者需要适当放权，用扁平化管理实现分权制衡。

把握好以上五点，也就从内部活动到共同价值等方面都体现了社群的海星模式理念，社群不是传统企业，"中央集权"式的体制会阻碍社群发展，开放共享才是可持续发展趋势，也是社群未来能够始终具有超强生命力的法宝。

 角色转换：从参与者到代言人

在工作时间外，王俊喜欢刷微博、看朋友圈，一天平均有两个小时的时间花费在这些事情上，并且乐此不疲。在微博、微信正式兴起以前，王俊混迹于各大 BBS 论坛，在布告栏发表帖子，回复评论，然后又开了博客，作为一名80 后，王俊经历了最初的论坛、博客，再到现在的微博、微信。每一个社交形态的变迁都可以看到王俊跟随的脚步。

刚开始出于好奇，注册成为其中的成员，然后静静地看上一段时间，为的是观察这个论坛或微博都有哪些特点，人们都喜欢谈论哪些话题。其后，逐渐地熟悉适应规则，开始变得积极起来，发话题和网友互动，解决网友的实际问题。

因为是程序员出身，所以王俊喜欢看一些互联网科技界的最新信息，特别是在微博上，王俊还认识了 4 个志同道合的小伙伴，一起分享有趣的信息，探

讨最新科技事件，非常专注。

后来，微信腾空出世，不知道从什么时候起，王俊喜欢关注微信公众号，刷朋友圈，而曾经志同道合的小伙伴们也迁徙到微信平台，微博反而很少关注了。最近，王俊开始对骑行感兴趣，并打算加入上海一家骑行俱乐部，让自己从网络的虚拟世界中分离出来，因为他觉得现实世界更精彩。而且，大家可以在线下活动中找到更多的归属感，而不是将骑行止步于网络交流。

从王俊的网络经历中可以看出，网民对社交网络的变迁随着社交工具的兴起而有所变化，从最初的外围用户，到刚入门的新手，静静地学习适应群内的规则，找到感兴趣的方向，然后成为某个网络社区中的常客，并且参与到社区建设中来。这时，有新的社交网络工具兴起，于是转战阵地，当然在这个过程中，旧有的"人际关系"圈中的好友也会随之进来。这就是一个简单的网络"居民"角色转换的路径。

如果将一个社群中的组成人员进行详细的拆分，会发现确实不同的成员扮演着不同的角色，如图 9-2 所示为社群成员的四种角色。

图 9-2　社群成员的四种角色

1. 社群创建者

社群创建者，顾名思义，就是当初建立该社群的"主人"。一般来说，社群创建者扮演着社群的架构师和规划师，决定着社群的管理形态和未来发展走向，属于团队中的领导人物。

2. 社群运营者

社群运营者指的是负责社群日常工作的人或团队，是维护社群运转的重要力量，同时，负有监督的责任。类似于连锁企业中的区域经理。

3. 社群核心人物

这里的核心人物既是指社群领导层中的核心人物，也是社群成员中的核心用户，这些核心人物在社群中往往有强大的影响力。如果迁徙或离开社群，会对社群产生重要影响。同时，在社群决策中也扮演着出谋划策的军师的角色。

4. 社群沉睡者

社群沉睡者通常是社群中数量可观的潜水型用户，平时不说话，甚至感受不到他们的存在，虽然这些社群沉睡者看似不评论，不发表动态，但可以在瞬间被激活，也是不可忽视的力量。所以，社群要注意防止产生过多的沉睡者。

以上是对社群中的组成人员进行简单分类，当然在实际运作中，社群中的人员大多数不止一个角色，可能身兼多职或扮演双重角色。比如，既是社群创建者也是核心人物。

社群成员的角色转换，促使成员实现从参与者到代言人的转变，比如，从最初的潜水到活跃，常常在自己的朋友圈发表社群动态，对不知情的朋友解释社群状况，自然承担起代言人的角色。这种角色转换的好处可以为成员带来归属感，激发成员以主人翁的心态对待社群事务。

价值理论：由内部串联到跨界连接

第一章第三节提到的黑马会可以说是在社群内部实现了多层次的跨界连接，黑马会本身以创业建立生态链条，但在内部又融合了多个社群小圈子，包括创业圈、投资圈以及媒体圈。凭借社群内的资源优势，开展更多样的黑马营和黑马会以及黑马大赛。这本身就聚集了创业、投资和媒体宣传等多个层级的社群小圈子。社群价值由内部串联到跨界连接，实现立体化无缝对接。

同时，黑马会社群内部的独立成员自身在某个领域有很强的组织力和社交力，通过很多个这样的独立成员有机地组合在一起，当然能够实现社群内部的跨界连接。另外，因为是创业社群，所以，黑马会的核心都围绕"创业"进行拓展，比如，黑马商学院的课程设置的核心就是创业，包括可以以风投基金的形式帮助学员进行创业试验，加速其成长。

除了社群内部的串联和跨界，社群价值理论的力量还可以通过社群的不同维度进行展现，如图 9-3 所示为社群跨界连接的不同维度。

图 9-3　社群跨界连接的不同维度

1. 人格化维度

营销者可以对品牌进行人格化包装，社群当然也可以。比如，社群可以制定一定的规则，调动社群成员的积极性和主动性，特别是社群领导者，要主动出击，为社群代言。像 BAT 的李彦宏、马云、马化腾，小米的雷军、唯品会的陈欧等，都亲自出马为自己的企业站台，跨界成为代言人。

这种人格化维度当然也可以用在社群营销方面，比如，罗辑思维的罗振宇、吴晓波频道的吴晓波，当然，仅仅靠社群领导者的代言作用是不能持久的，也要依靠社群整体的力量。只有动员和激发尽可能多的社群成员的力量，才能使社群更有人格化意义，从内部串联走向跨界连接，主动承担代言人的责任。

2. 营销维度

在这个酒香也怕巷子深的时代，主动营销才是正道。在移动互联网趋势下，营销成本相对降低，一条朋友圈动态，一篇微信公众号文章，可以瞬间到达无数用户的智能手机上。

这里所提到的降低只是相对的，从绝对层面看，营销的成本要比过去任何时候都要高，比如，在一档高人气综艺节目中的赞助费，动辄上亿也是常事。所以，从营销维度来看，社群也需要加速媒体化道路，将社群推广出去，提高知名度。

3. 品牌维度

社群的品牌维度是与人格化维度和营销维度相组合相渗透的存在。比如，格力旗下有多条产品线，涉及白色家电的多种电器，尤其以空调为代表。所以，提到格力，大家最先会想到格力空调，但格力本身已经成为其产品的高质量代言"人"，实现了品牌化营销。

社群的品牌维度也是如此，要以简单明了的广告文案，突出专业性。再加上社群领导者的代言人形象推广，以及社群营销工作，综合因素相互叠加，构成社群跨界连接的不同维度。

社群跨界连接不仅要从内部串联，更重要的是打通外部闭环，进行多个维度和多个层次的跨界联合。

需求转换：从口碑营销到用户主导

在过去，商品物资相对匮乏，需求大于供应，大家能够及时购买到需要的产品非常难得。后来，随着社会生产力的提高，产品数量和品类大大丰富，这时生产厂商为了获得更多消费者，提高销量，在与竞品竞争中争取获得有利地位。

所以，产品要专注于品质，以期获得良好口碑，用口碑营销进行拉新、留存，实现再增长。但是这也带来一个明显的问题，口碑营销能够为产品带来持久销售额吗？市场上有很多优质产品，却不是消费者想要的，这样的产品当然既没有销量，也不会驱动消费者为其主动传播，进行口碑营销。

过去需求大于供应的情况发生了彻底扭转，而且，用户需求也更加具体化、个性化，仅凭优质和撒网式广告渗透已经很难起到非常大的作用了。

基于以上情况，应对的主要策略就是需求转换，实现从口碑营销到用户主导的营销策略的转变。当然，这并不是说口碑营销已经失效或者不需要重视口碑营销了，而是要以全新的思维看待用户需求的转变。只有以利他主义为中心，站在用户的角度看问题，才能为用户解决问题，获得用户信赖。在利他主义方面，阿里巴巴的马云有自己的见解。

2016年10月16日，在蚂蚁金服成立两周年的年会上，阿里巴巴的马云表示，希望未来十年，蚂蚁金服能一直坚持普惠精神。普惠金融的本质就是利他思想，做平台的核心思想就是让别人比你更加成功。

经历了 B2B、B2C 以及 C2C 从成长到成熟的商业模式，C2B 模式更贴近和符合当下商业潮流趋势，即以用户为主导。简单来说，就是用户需要什么就生产什么，满足消费者个性化的需求，实现从消费者端到企业端的连接与传导。

以用户主导为核心，以数据驱动为支撑，构建 C2B 的商业形态，这就是未来的商业形态。也就是说未来商业形态不是基于产品而是基于人，这是当下中国商业社会发展模式在 2020 年前的重要方向之一，也是商业发展的本质。对于社群未来的发展来说，用户主导也是核心方向。即使未来很长一段时间内会有大量社群死掉，也不会过多阻碍用户主导的思想主导社群建设的未来趋势。

既然用户主导的思维理念如此重要，社群该如何建设才能向着这个目标前进，总体来说，包括以下三个要素，即内容、关系和变现，如图 9-4 所示。

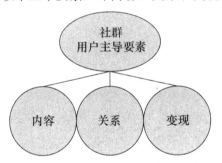

图 9-4　社群实现用户主导的三要素

内容是第一要素，这也是能够成功吸引用户、满足用户需求的核心条件，没有内容就没有意义，空壳式的社群形态只能短暂性地存在。

关系是第二要素，用于社群与用户发生"化学反应"，是筛选和沉淀用户的关键因素。从哲学上来说，世界是普遍联系的，也许看似没有联系的事物，因为某种关系的建立而产生联系，所以社群能够因为某个目标聚集一批有着共同爱好的用户。

变现是第三要素，也是社群能够持续存活、成员能够获得利益的直接原因。这也就是为什么本书在第四章的最后一小节谈及现实与情怀的问题，没有变现盈利，仅靠奉献和爱心，社群不会长久。

社群以用户为主导，满足用户的需求，同时，让用户愿意为获得这种需求买单，这种模式更像是一种买卖，因为社群本身也是商业化的一种模式，只不过社群要比传统企业号召力更强，更有可能影响未来市场。这是社群的潜力，也是社群的未来趋势。

第二节　万法归一，社群会是什么

老子在《道德经》中说道："人法地，地法天，天法道，道法自然。"日出而作，日落而息，一年四季交替循环，花鸟虫鱼也都有自己的特性，顺其自然就是尊重自然规律。从这个意义上讲，万事万物都有各自的"轨道"。而万法归一则是强调特性中的普遍性，方法和表象虽然千差万别，但是本质还是相同，社群也是一样。总体来说，社群既是流量入口，又是连接器，既欢迎进入，又能够包容一切，这就是社群的本质。

 社群是流量入口

互联网行业内的论战并不稀奇，双方为拿下某个第一，各种方式轮番上阵。比如，百度地图和高德地图为了争行业第一的位置，先后掀起五轮口水战，吸引了不少围观群众观战。

2016 年 10 月 15 日，高德集团总裁俞永福在浙江杭州的云栖大会上宣布，高德地图手机 APP 每日活跃数据已成为行业翘楚，排名第一。为了证实数据的准确性，俞永福引用了艾瑞咨询方面的最新监测数据。艾瑞数据显示，高德地图手机应用的每日活跃设备数约为 2 983.19 万部，而百度地图为 2 808.87 万，表现稍逊。同时，在每日使用频度和时长方面，高德地图的排名依然是行业第一。

俞永福还在内部信中宣称，高德地图只用了半年时间就提前完成全年增长目标（隶属于阿里巴巴的高德地图，其新的财年从 2016 年 4 月 1 日开始）。

一系列的"业绩"表明，高德地图似乎真的是网络地图搜索服务行业的第一名，但是百度地图表示不服。在俞永福公开宣称"行业第一"的论断后仅数小时，百度地图方面发微博进行反驳，内容如下："今天友商高德很高调""但是排名不是光靠吹的，第三方的数据早已啪啪打脸。"

为了进一步证实反驳的有力性，百度地图引用中国联通、易观国际的数据，称"百度地图活跃用户数超高德地图 50%。"此外，百度地图方面还质疑，高德地图虽然宣称自己拥有 7 亿用户，但中国的网民总数只有 7.1 亿，因此戏称，"中国网民都不够用啦。"随后，双方就"到底谁是行业第一"的问题展开多个回合的网络论战。

表面看来，这是高德地图与百度地图就网络地图搜索行业究竟谁是行业第一的争论，实质上也是阿里巴巴和百度的竞争。竞品说自己是行业第一，我当然不服，互相拿出第三方数据加以论证。不得不说，这场论战也是 2016 年双十一节前，阿里巴巴为自己做的一次免费营销。

互联网论战并不稀奇，当初去哪儿网和携程网的论战也是相当激烈，还有滴滴和优步的论战，最后都以合并为结局，不知道高德地图与百度地图是否也会这样。其实，论战双方都称自己是行业第一，还引用了第三方数据，尽管没有特别权威性的证明，但是对广大用户来说，谁是行业第一或者到底哪家地图更强并不重要，重要的是谁的服务更好，导航更准确。

从更深层次来说，在线网络地图行业的竞争，看似是行业内部竞争，其实也是流量入口的竞争。谁能获得第一，谁就拥有了流量入口。所以即使互为友商，也要互相伤害。

回归到社群中，社群的最终衍变趋势就是流量入口，最有力的证明是对市场永远最敏锐的资本，而现在，资本市场的注意力已经开始投入到一些非常有影响力的社群。比如，2015 年 10 月，罗辑思维对外宣布完成 B 轮融资，估值 13.2 亿人民币。而在此前的 2014 年，罗辑思维品牌的估值还只是 1 亿左右，一年时间估值竟然翻了 13 倍。

可以说，在社群这个平台，运作只是一种渠道，建立完整的生态链条才是其本质，社群成为流量入口必然是具备了这些条件，能够整合资源，建立有特色的商业模式，包括变现模式。

社群，无所不包的连接器

上一章已经讲述了社群 3.0 时代的到来，社群以连接一切为目标，不仅仅

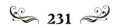

是人的聚合，更是连接信息、服务、内容和商品的载体。同时，3.0 时代的社群使得变现更加成为一种可能，比如，加入电商、代言或赞助元素。这一点也暗示了社群将会成为无所不包的连接器，包罗万象中坚持万法归一。

社群成为连接器的同时，也要依靠相应的网络社交工具实现在线沟通，而作为中国最大的互联网综合服务提供商，腾讯当然不会错过这个红利期。接下来，我们看一下腾讯如何打出组合拳，布局社群生态，迎接社群红利，如图 9-5 所示。

图 9-5　腾讯的社群生态布局

1. QQ 体系

在 2015 年 8 月首届中国互联网移动社群大会上腾讯 QQ 宣布，将依托 QQ 群、兴趣部落和 QQ 公众号，开启三位一体的移动社群生态战略。众所周知，腾讯 QQ 是社群重要的在线管理和联系工具，而部分优秀社群已经从 QQ 体系当中受益匪浅，所以，腾讯当然会加速 QQ 向移动社群方向靠拢，从此 QQ 不再是单纯的即时通信工具，而且将承担起互联网背景下社群连接器的角色。

同时，移动互联网时代，移动端的应用数据也显示，移动端口成为用户的活跃场地。根据腾讯方面的数据显示，从 2013 年 1 月到 2015 年 6 月，移动端 QQ 群月活跃用户的年复合增长率达到 72%，手机 QQ 群消息量的年复合增长率达到 71%。同时，QQ 群的月活跃数量是 3.8 亿，群聊窗口每日的展示次数超过 50 亿。

除了 QQ 群，QQ 兴趣部落自 2014 年正式上线以来，其数量到 2015 年 10 月已经超 20 万个，月访问用户达到亿级别。某些特定的粉丝兴趣部落也势头强劲，比如，与 TFBOYS 相关的兴趣部落超过一千万。可以看出 QQ 体系，特别是移动端口仍然有很强的活力，以及能量释放空间。

2．商业化

社群有了社交工具，降低了沟通成本，社群创建者当然可以运用这些网络在线工具实现商业化运作。比如，在社群中建立若干个 QQ 群，组建兴趣小组，开展盈利作业。

在 QQ 体系中建立与商业化有关的连接，比如，QQ 钱包用于收费，QQ 播放视频、召开会议等。从这个层面来看，QQ 不仅是一个聊天工具，更是社群商业化道路上的好帮手。

3．制度性

相比微信的强社交关系，QQ 的绝对虚拟性更加速了社群商业化步伐。比如，在 QQ 群内，群主可以运用各种管理工具更好地管理 QQ 群。

社群内部虽然有领导精英性的人物，但更多的是普遍用户的聚集点，社群成员通过 QQ 进行交流沟通，淡化了精英人物领导的痕迹，让大家更加轻松自由。同时，社群运营者也能够根据社群特性在 QQ 体系内建立各种规章制度，保证体系的正常运转。

腾讯自身对移动社群有很大兴趣，所以才会通过 QQ 进行社群布局，而社群本身也可以根据 QQ 的广泛性和基础性，开展群内活动，成为真正的无所不包的连接器，既连接成员与成员、社群与成员，又将社群的内部和外部连接起来，构建社群的整体生态体系。